Victor Raffaele

Relationale Datenmodellierung und Implementierung
denauftragsterminierung und -kalkulation

Bibliografische Information der Deutschen Nationalbibliothek:

Bibliografische Information der Deutschen Nationalbibliothek: Die Deutsche Bibliothek verzeichnet diese Publikation in der Deutschen Nationalbibliografie; detaillierte bibliografische Daten sind im Internet über http://dnb.d-nb.de/ abrufbar.

Copyright © 1998 Diplomica Verlag GmbH
Druck und Bindung: Books on Demand GmbH, Norderstedt Germany
ISBN: 9783838607603

http://www.diplom.de/e-book/216668/relationale-datenmodellierung-und-imple-mentierung-einer-angebots-und-kundenauftragsterminierung

Victor Raffaele

Relationale Datenmodellierung und Implementierung einer Angebots- und Kundenauftragsterminierung und -kalkulation

Diplom.de

Victor Raffaele

Relationale Datenmodellierung und Implementierung einer Angebots- und Kundenauftragsterminierung und -kalkulation

Diplomarbeit
an der Fachhochschule Augsburg
Januar 1998 Abgabe

Diplomarbeiten Agentur
Dipl. Kfm. Dipl. Hdl. Björn Bedey
Dipl. Wi.-Ing. Martin Haschke
und Guido Meyer GbR

Hermannstal 119 k
22119 Hamburg

agentur@diplom.de
www.diplom.de

ID 760
Raffaele, Victor: Relationale Datenmodellierung und Implementierung einer Angebots-
und Kundenauftragsterminierung und -kalkulation / Victor Raffaele –
Hamburg: Diplomarbeiten Agentur, 1998
Zugl.: Augsburg, Fachhochschule, Diplom, 1998

Dipl. Kfm. Dipl. Hdl. Björn Bedey, Dipl. Wi.-Ing. Martin Haschke & Guido Meyer GbR
Diplomarbeiten Agentur, http://www.diplom.de, Hamburg
Printed in Germany

Diplomarbeiten **Agentur**

Wissensquellen gewinnbringend nutzen

Qualität, Praxisrelevanz und Aktualität zeichnen unsere Studien aus. Wir bieten Ihnen im Auftrag unserer Autorinnen und Autoren Wirtschafts-studien und wissenschaftliche Abschlussarbeiten – Dissertationen, Diplomarbeiten, Magisterarbeiten, Staatsexamensarbeiten und Studien-arbeiten zum Kauf. Sie wurden an deutschen Universitäten, Fachhoch-schulen, Akademien oder vergleichbaren Institutionen der Europäischen Union geschrieben. Der Notendurchschnitt liegt bei 1,5.

Wettbewerbsvorteile verschaffen – Vergleichen Sie den Preis unserer Studien mit den Honoraren externer Berater. Um dieses Wissen selbst zusammenzutragen, müssten Sie viel Zeit und Geld aufbringen.

http://www.diplom.de bietet Ihnen unser vollständiges Lieferprogramm mit mehreren tausend Studien im Internet. Neben dem Online-Katalog und der Online-Suchmaschine für Ihre Recherche steht Ihnen auch eine Online-Bestellfunktion zur Verfügung. Inhaltliche Zusammenfassungen und Inhaltsverzeichnisse zu jeder Studie sind im Internet einsehbar.

Individueller Service – Gerne senden wir Ihnen auch unseren Papier-katalog zu. Bitte fordern Sie Ihr individuelles Exemplar bei uns an. Für Fragen, Anregungen und individuelle Anfragen stehen wir Ihnen gerne zur Verfügung. Wir freuen uns auf eine gute Zusammenarbeit

Ihr Team der *Diplomarbeiten* Agentur

Dipl. Kfm. Dipl. Hdl. Björn Bedey –
Dipl. Wi.-Ing. Martin Haschke ——
und Guido Meyer GbR ————

Hermannstal 119 k ————
22119 Hamburg ————

Fon: 040 / 655 99 20 ————
Fax: 040 / 655 99 222 ————

agentur@diplom.de ————
www.diplom.de ————

Danksagung

Der allererste Dank gilt zweifelsohne dem Herrn Jesus Christus. Ohne die liebevolle Gnade und Hilfe des Sohnes Gottes hätte ich mein Studium nicht so erfolgreich beenden und diese Arbeit durchführen können.

Vielen Dank an meine wunderbare Frau Melanie für Ihre Geduld und unaufhörliche Unterstützung — selbst in Zeiten, in denen ich, versunken in Büchern und PCs, keine freie Minute für sie hatte. Und an meiner süßen Tochter Sarah, die unfairerweise viel zu lange auf Ihren Vater verzichten mußte.

Ich möchte Prof. Dr. Erdlenbruch danken, der diese Arbeit entscheidend mit wichtigen Tips und Ratschlägen bereichert hat.

In besonderem Maße spreche ich Herrn Riederer, Geschäftsführer von databrain EDV GmbH, meinen Dank dafür aus, daß er nicht gescheut hat aus der Fülle seiner Erfahrung entscheidende Wegweisung zu geben. Seine Bereitschaft, Interessen des Unternehmens zurückzustellen und sich kostbare Zeit für mich zu nehmen, hat dazu beigetragen, daß diese Diplomarbeit ihren Ziel nicht verfehlt.

Dankend möchte ich noch die lieben Kollegen Henry Egger und Helmut Baldauf — Entwickler von OMEGA — erwähnen, die eine schöne und herzliche Zusammenarbeit im OMEGA–Team für selbstverständlich gefunden haben.

Vorwort

Die Probleme, Fragen und Entscheidungen, die bei der Herstellung eines bestimmten Erzeugnisses in einem Produktionsbetrieb aufkommen, beschäftigen schon seit langem die Wirtschaftswissenschaftler dieser Welt. Mathematische Optimierungsverfahren wurden entwickelt, viele Bücher geschrieben (zum Beispiel [Gal89], [Neu93] und [Kin94], um nur einige zu nennen) und heuristische Methoden in allen denkbaren Schwierigkeitsstufen ausgedacht, um Hilfe bei den alltäglichen Aufgaben der Produktionsplanung und -steuerung in einem modernen Produktionsunternehmen zu leisten. Die wichtigsten dieser Aufgaben lassen sich u.a. durch folgende Fragestellungen beschreiben (vgl. [Kur95, S. 16]):

- Welche Produkte sollen überhaupt hergestellt werden?

- Soll nach einem Produktionsprogramm oder nach Kundenwünschen gefertigt werden?

- An welchen Standorten im Inland oder Ausland soll produziert werden?

- Wie wird die Produktionskapazität dimensioniert? Welche Investitionen sind erforderlich?

- Welche Fertigungsorganisation wird zugrundegelegt (z.B. Fließ- oder Werkstattfertigung)?

- Wie sollen die Fertigungsanlagen im Betrieb angeordnet werden?

- Sind Klein-, Großserien oder Massenfertigung angebracht? Oder soll einzeln nach Kundenspezifikation produziert werden?

- Welche Erzeugnisse sollen eigengefertigt, welche fremdbezogen werden?

- Wie lange dauert es, einen bestimmten Kundenauftrag von der Aufnahme über alle Fertigungsstufen bis zur Fertigstellung abzuwickeln?

- Ist das Kapazitätsangebot in der Fertigung ausreichend, um alle Fertigungsaufträge termingerecht durchzuführen?

- Welcher Fertigungsauftrag soll als nächster zur Produktion freigegeben werden? Sind das benötigte Personal, Material, Werkzeug etc. verfügbar?

- In welcher Reihenfolge und zu welchen genauen Terminen sollen die Aufträge an den einzelnen Maschinen und Arbeitsplätzen in der Fertigung abgearbeitet werden?

- Was geschieht beim Ausfall einer wichtigen Produktionsanlage oder bei Kapazitätsbedarfsschwankungen? Wie reagiert man darauf?

Die Produktionsplanung und -steuerung umfaßt also die Gesamtheit von Dispositionen, die die Festlegung eines Absatz- bzw. Produktionsprogramms und den Vollzug dieses Programms in mengenmäßiger und zeitlicher Hinsicht zum Ziel haben (vgl. [Gla91, S. 1]).

Die Informatik kann dem Disponenten effiziente Instrumente zur Verfügung stellen, die das Treffen von den oben genannten Entscheidungen auf der operativen Ebene vereinfachen. Diese sind Softwaresysteme, die seit den 60er Jahren im Einsatz sind — die sog. *EDV–gestützten PPS–Systeme*.

Diese computergestützten PPS–Systeme sind als Werkzeuge gedacht, eigentlich als einfache Rechenknechte, d.h. sie unterstützen lediglich den Menschen in der Planung und Steuerung der Produktion. Dies bedeutet, daß die Software keine Entscheidungen eigenmächtig trifft und in der Regel keine Vorgänge automatisch anstößt.

Konkret sind die Ziele eines PPS–Systems festzulegen [Kur95, S. 17]:

- Welche Mengen welcher konkreten Produktarten im Planungszeitraum herzustellen sind (Produktionsprogrammplanung).

- Welche Mengen an Vor- und Zwischenprodukten dafür benötigt werden (Sekundärbedarfsplanung).

- Ob und gegebenenfalls welche Mengen einer (End-, Zwischen- oder Vor-) Produktart jeweils zu einem Fertigungslos zusammengefaßt werden sollen (Losgrößenplanung).

- Zu welchen Zeitpunkten die Herstellung der einzelnen End-, Zwischen- und Vorproduktmengen an den Arbeitsplätzen und Produktionsanlagen bzw. die Beschaffung fremdbezogener Produkte erfolgen soll (Terminplanung).

- Wie die zeitlichen Anforderungen der Fertigung mit der verfügbaren Kapazität möglichst gut in Einklang gebracht werden (Kapazitätsplanung).

Zusätzlich müssen noch Entscheidungen bei der Feststellung von Abweichungen von den Plandaten vom System unterstützt werden.

Die vorliegende Diplomarbeit setzt sich mit der Spezifizierung, dem Entwurf und der teilweisen Implementierung von folgenden Teilen aus dem Gebiet Produktionsplanung eines solchen PPS–Systems auseinander:

- Primärbedarfsauflösung
- Durchlaufterminierung
- Vorkalkulation
- Simulierte und fixe Einlastung
- Kapazitätsplanung

Aufbau der Diplomarbeit

Der vorliegenden Diplomarbeit liegt das in [Elm94] beschriebene Verfahren der Informationsanalyse[1] zugrunde und bedingt somit auch ihren Aufbau und ihre Struktur.

Die Arbeit ist so aufgebaut, daß die Aufteilung der Kapitel der technischen — und dadurch auch zeitlichen — Vorgehensweise beim Bearbeiten der Problemstellung entspricht.

Die Kapitelaufteilung ist wie folgt:

Kapitel 1 Beschreibt die Beweggründe, die zur Entstehung dieser Arbeit geführt haben, definiert die Problemstellung und stellt die Ziele auf. Stellt das Unternehmen databrain EDV GmbH — der Aufgabensteller — vor, bei der die Diplomarbeit geleistet wurde und beschreibt schließlich die Software OMEGA, die das Ergebnis dieser Arbeit als PPS–Modul aufnehmen wird.

Kapitel 2 Stellt den Kern der Diplomarbeit dar. Im ersten Schritt wird der Informationsbereich der PPS–Funktionalitäten unter Berücksichtigung des Datenflusses in einem PPS–System erforscht, verbal beschrieben und festgelegt, um danach seine Feinstruktur zu definieren.

Erst dann kann der Prozeß der Informationsanalyse stattfinden, der das Datenbankschema in dritter Normalform erzeugt.

Kapitel 3 Implementiert die Prototypen von zwei ausgewählten Modulen des PPS–Systems; zum einen die Programmlogik und Masken für die Verwaltung der Arbeitsplatzstammdaten. Zum anderen die Primärbedarfsauflösung.

---

[1] Die Methode der Informationsanalyse ist im Kapitel 2 auf Seite 7 näher beschrieben.

Kapitel 4 Wirft einen Blick in die Zukunft und beschreibt die Schritte, die im Anschluß an die Diplomarbeit geplant bzw. notwendig sind, damit das PPS–Modul von OMEGA Marktreife erlangen kann.

Anhang A Identifiziert und definiert die Begriffe, Sachverhalte und Zusammenhänge, die bei der Bearbeitung der Problemstellung aufgetreten sind und grenzt sie genau voneinander ab.

Die eindeutige Definition der Begriffe wurde im Rahmen der Festlegung des Informationsbereiches im Kapitel 2 geleistet, jedoch der Übersichtlichkeit wegen wurden diese Definitionen glossarartig in den Anhang eingeordnet.

Anhang B Enthält das gesamte logische Datenmodell in Form eines konzeptuellen Schemas, das als Ergebnis der Definition der Informationsstruktur im Abschnitt 2.4 auf Seite 74 erstellt wurde.

Die Darstellung des Datenmodells erfolgt mittels einer Sprache zur Definition von Sub–Schemata, die in Dateien aufgeteilte Module beschreibt.

Index Er soll dazu dienen, die Stellen im Text schnell zu finden, in denen der gesuchte Begriff eine größere Bedeutung hat. Um den Index überschaubar zu halten wurde sinnvollerweise *nicht jedes* Auftreten eines Wortes in den Index übernommen.

Fettgedruckte Seitennummern verweisen auf Seiten, die wichtige Informationen über die Einträge enthalten, z.B. bei der detaillierten Beschreibung eines Begriffes oder wenn das Wort in einem bestimmten Abschnitt die Hauptrolle spielt.

Normal gestzte Seitennummern beziehen sich auf wichtige Erwähnungen im Text.

Typographische Konventionen

Um eine bessere Lesbarkeit zu ermöglichen, muß die Art und Weise, wie eine Information dargestellt wird, ihre Funktion im Rahmen des Textes klar vermitteln. Daher werden im folgenden die in dieser Arbeit verwendeten typographischen Konventionen erklärt.

Objekte bzw. Wörter, die eine Schlüsselbedeutung in einer Textpassage haben, werden durch *kursive* Schrift hervorgehoben, z.B. *Werkstattfertigung.*

Objekttypen, deren Eigenschaften im Kapitel 2 im Rahmen der Festlegung des Informationsbereiches beschrieben werden, sind mit serifenloser Schrift gekennzeichnet, z.B. Stückliste.

Ferner werden in diesem Kapitel innerhalb der tabellarischen Auflistung Attribute, die der eindeutigen Identifizierung eines Objekttypes dienen (Namenskonvention), **fettgedruckt** dargestellt, zum Beispiel **Arbeitsplannummer**.

Im gleichen Kapitel werden Mengenangaben bzw. Intervalle solcher Objekte, die für die Konzeption des PPS–Systems von Bedeutung sind, in **fettgedruckter** Schrift folgendermaßen angegeben:

1 Ist *genau einmal* vorhanden, nicht mehr und nicht weniger.

3 Oder irgendeine andere Zahl. Genau so oft vorhanden (hier drei Mal), nicht mehr und nicht weniger.

0..1 Wenn es vorkommt, dann *genau einmal*; es darf aber auch vollständig fehlen.

1..n Intervall. Es darf beliebig oft auftreten, *mindestens* aber ein Mal. Das **n** steht hier nicht für eine Obergrenze, sondern um ein offenes Intervall nach oben anzudeuten.

0..n Intervall. Es darf beliebig oft vorkommen, ohne Obergrenze. Es darf aber auch gänzlich fehlen.

Codeteile, Inhalt von Source- oder Eingabedateien für die verwendeten Generatorprogramme und Feldernamen einer Datenbanktabelle werden in `Typewriter`–Schrift gesetzt, zum Beispiel `table`.

Augsburg, im Januar 1998 Victor R. Raffaele

Inhaltsverzeichnis

Abkürzungsverzeichnis

ADL	Application Definition Language
AFG	Arbeitsfolge
AGG	Arbeitsgang, Arbeitsvorgang
APG	Arbeitsplatzgruppe
APN	Arbeitsplan
APZ	Arbeitsplatz
BKL	Betriebskalender
BKT	Betriebskalendertag
BM	Betriebsmittel
FA	Fertigungsauftrag
HM	Hilfsmittel
KA	Kundenauftrag
LG	Leistungsgrad
LOSG	Losgröße
MAXEPS	Maximaler Einlastungsprozentsatz
MINEPS	Minimaler Einlastungsprozentsatz
PPS	Produktionsplanung und -steuerung
REDF	Reduzierungsfaktor
SCHM	Schichtmodell
SSDL	Sub Schema Definition Language
STL	Stückliste
SZ	Sicherheitszeit
TKAP	Tageskapazität
VZ	Vorgriffszeit
WMIN	Mindestweitergabemenge
ZAP	Durchlaufzeit des kritischen Pfads eines Arbeitsplans
ZAU	Auftragszeit
ZBA	Gesamt–Bearbeitungszeit eines Loses
ZBE	Bearbeitungszeit je Einheit (Werkstück)
ZBL	Belegungszeit
ZDL	Durchlaufzeit
ZFA	Auftragsdurchlaufzeit, Durchlaufzeit eines Fertigungsauftrags
ZL	Liegezeit
ZTR	Transportzeit
ZUE	Übergangszeit

Abbildungsverzeichnis

Tabellenverzeichnis

Kapitel 1

Einleitung

Dieses Kapitel setzt sich mit der Aufgabenstellung der vorliegenden Diplomarbeit auseinander, durchleuchtet ihre Hintergründe und erläutert die bei Beginn der Arbeit gesteckten Ziele.

Für eben so wichtig wird die Vorstellung und Beschreibung des Aufgabenstellers und des Software–Pakets erachtet, das eine zentrale Grundlage für die zu entwerfenden PPS–Funktionalitäten darstellt.

1.1 Problemstellung, Zielsetzung

Das Unternehmen databrain EDV GmbH hat in den letzten Jahren ein integriertes Software–Paket für die Unternehmenssteuerung mit Namen OMEGA entwickelt.

OMEGA basiert auf einem relationalen Datenbankmanagementsystem und wird in den nächsten Jahren u.a. um ein PPS–System für Auftrags- und Kleinserienfertiger erweitert.

Ziel dieser Arbeit ist es nun, die Datenmodellierung für die PPS–Funktionalitäten für die Bearbeitung der Angebots- und Kundenauftragsterminierung und -kalkulation durchzuführen sowie ein Datenbankschema für dieses Modul zu entwerfen sowie ein Teil der Programmlogik zur Verwaltung von Stammdaten und zur Verarbeitung von Bewegungsdaten zu implementieren.

Das heißt, diese Diplomarbeit wird sich mit Funktionalitäten der Produktions- und Fertigungsplanung und nicht der Fertigungssteuerung in einem PPS–System befassen.

Wunsch von databrain EDV ist, in der ersten Version des PPS–Moduls von OMEGA ein „traditionelles" PPS–System zu implementieren, auch MRP II–Konzept (Manufacturing Resource Planning) genannt.

Solche Systeme sehen laut [Gla91, S. 2f] sukzessiv durchzuführende Entscheidungsaktivitäten innerhalb folgender zentraler Dispositionsbereichen —

auch PPS–Funktionen genannt — vor:

- Primärbedarfsplanung bzw. Absatz- und Produktionsprogrammplanung (Bestimmung der Primärbedarfe und zugehörigen Produktionsmengen)

- Materialdisposition bzw. Materialplanung oder Materialwirtschaft (Bildung von Fertigungsaufträgen und Bestellaufträgen)

- Termindisposition bzw. Terminplanung oder Zeitwirtschaft (Festsetzung von Fertigungsauftrags- und Arbeitsgangterminen)

„Alternative" bzw. „moderne" Konzepte der Produktionsplanung und -steuerung wie hierarchische PPS–Systeme oder die belastungsorientierte Auftragsfreigabe sollen erst in zukünftigen Versionen des PPS–Moduls von OMEGA Berücksichtigung finden.

Der zeitliche Rahmen einer Diplomarbeit ist aber leider in einem unzureichendem Maße geeignet, um das Themengebiet „Angebots- und Kundenauftragsterminierung und -kalkulation" vollständig mit allen Einzelheiten zu erfassen, zu beschreiben, daraus ein Datenmodell zu entwerfen und alle Funktionalitäten als windowsfähige Applikation zu implementieren. Aus diesem Grund wird sich diese Arbeit überwiegend damit befassen, die für OMEGA wichtigsten Kernbereiche des genannten Gebiets zu durchleuchten, um daraus eine erste Version des Grunddatenmodells zu erstellen.

Zweck dieser Studie ist es also, das gesamte vorgegebene, umfangreiche Thema in seiner ganzen Breite zu behandeln, anstatt in einem einzelnen, abgegrenzten Gebiet der Produktionsplanung in die Tiefe zu gehen und im Detail zu betrachten.

Weil aber gerade das Datenschema die Basis eines erfolgreichen und leistungsfähigen Softwareproduktes diesen Ausmaßes ist, wäre es ein großer Fehler bei dessen Entwurf wichtige Einzelheiten außer Acht zu lassen, die erst in einer späteren Version von Bedeutung sind. Dies würde zu einem Datenmodell führen, das nicht flexibel genug ist, um mit den Entwicklungen und Erweiterungen im Life–Cycle von OMEGA Schritt zu halten.

Dies zu verhindern wird eines der großen Herausforderungen dieser Diplomarbeit sein.

So wird sich diese Arbeit in einer ersten Phase mit den Kernfunktionalitäten des Informationsbereiches beschäftigen, sie erfassen und als Basis für den Entwurf des Datenmodells verwenden. Erkenntnisse aus dieser Phase wie zum Beispiel Details und Querverbindungen zwischen den verschiedenen Modulen des PPS–Systems, die wegen des engen Zeitrahmens nicht in das Modell explizit einfliessen können, werden kurz angesprochen, implizit berücksichtigt und in dem Kapitel 4 auf Seite 101 näher erläutert als zukünftige Erweiterungsmöglichkeiten für das Produkt.

In einer zweiten, zeitlich betrachtet weniger umfangreicheren Phase wird dann ein Prototyp des Moduls zur Pflege der Arbeitsplatzstammdaten implementiert. Da die meisten Programme zur Verwaltung der Stammdaten ähnlich aufgebaut sind und dazu noch mittels einem Codegenerator weitgehend automatisch erzeugt werden, reicht es als Vorlage und zur Beschreibung der Vorgehensweise eines beispielhaft zu implementieren.

Ebenfalls wird — repräsentativ für seine Klasse — ein Prototyp eines Programms zur Verarbeitung von Bewegungsdaten implementiert. Es handelt sich in diesem Fall um den Modul zur Primärbedarfsauflösung, das direkt in der nativen 4GL–Sprache von Progress® codiert wird.

Um einen möglichst fruchtbaren Boden für die spätere Implementierung des kompletten PPS–Moduls nach Abschluß der Diplomarbeit durch databrain EDV zu schaffen, werden im Zuge dieser Arbeit Entscheidungen erläutert, die Auswirkungen auf die Codierung haben könnten. Ferner werden Vorgehensweisen und die Schritte eines jeden Teilmoduls derart beschrieben, daß sie in Zukunft ein Programmierer ohne großen Aufwand in ein Programm–Modul umsetzen kann.

Ein weiterer wichtiger Faktor, der den Inhalt dieser Arbeit prägen wird, ist das Vorhandensein schon in der jetzigen Version von OMEGA von Datenstrukturen, die in das Themengebiet PPS gehören oder zumindest darin auch verwendet werden. So verfügt das System beispielsweise bereits über einen Betriebskaldender, einen Teile-, einen Stücklisten- und einen Mitarbeiterstamm. Dies bedeutet, daß das bestehende Datenmodell, vorhandene Datenbanktabellen und Funktionen — falls erforderlich — mit in den Überlegungen berücksichtigt und integriert werden sollen.

Eine weitere Herausforderung in der vorliegenden Diplomarbeit bedeutet die Angebots- und Auftragskalkulation, weil sich das Kostenrechnungsmodul von OMEGA erst in den anfänglichen Entwicklungsphasen befindet. Das heißt es gibt keine Anhaltspunkte bzw. Leitlinien für die Entwicklung des Kalkulationsmoduls, sondern vielmehr die Anforderung, die Kalkulationssystematik so universell einsetzbar wie möglich zu halten, um es nachträglich leicht auf die gesamte Produktkalkulation eines modernen Unternehmens erweitern zu können.

So muß im Rahmen der Vorkalkulation ein Kalkulationsschema — und das entsprechende zugrundeliegende Datenmodell — entworfen werden, das flexibel genug ist, um nicht nur die Angebots-/Auftragskalkulation, sondern auch die Einstandspreis- und Verkaufspreiskalkulation abzuwickeln.

Weiterhin hat man sich beim Entwurf und bei der Entwicklung von OMEGA das Ziel gesetzt, ISO 9000–zertifizierte Betriebe zu unterstützen. Dies wird sicherlich auch einen Einfluß auf das Datenmodell des PPS–Moduls haben; so muß zum Beispiel *jederzeit* der Entstehungsprozeß eines Produkts ganz genau nachvollziehbar sein, selbst wenn dieses Erzeugnis nach Jahren nicht mehr im Produktionsprogramm des Unternehmens geführt wird.

Ferner soll das Know–How, das vor Jahren bei der Entwicklung eines

PPS–Systems für eine andere integrierte Software namens INASYS erworben
wurde, nicht verloren gehen und — angepaßt an die Anforderungen von
OMEGA — wiederverwendet werden.

Wie oben erwähnt, werden nur einfache, grundlegende Funktionalitäten
implementiert. Optimierte Algorithmen und ausgefeilte Methoden sind
nicht Gegenstand der Diplomarbeit.

1.2   Das Unternehmen databrain EDV GmbH

Das Unternehmen databrain EDV ist seit dem Jahr 1985 als Systemhaus
tätig, seit 1990 eine GmbH und hat derzeit vier Angestellte und einige frei-
berufliche Mitarbeiter.

Ein wichtiges Betätigungsfeld des Unternemens ist die Generierung und
Vermarktung von Know–How in den Bereichen System-, Applikationssoft-
ware und Hardware–Technik. Die Dienstleistungspalette reicht von der Sy-
stemanalyse und Projektierung bei eigenen Aufträgen bis zur Beratung von
Anwendern und Projektmanagement für andere EDV-Handelsunternehmen.

Im Rahmen von Systemlösungen vertreibt sie die notwendigen
Hardware-, Betriebssystem- und Standardsoftware–Produkte und kon-
zipiert individuell in zentral oder dezentral orientierter (Client/Server-)
Architektur UNIX™– und Microsoft®–Netzwerke.

Die Schwerpunkttätigkeit ist allerdings die Entwicklung von
kaufmännisch–organisatorischen Datenbanklösungen mit relationalen Da-
tenbankmanagementsystemen unter UNIX™ und Microsoft® Windows™
NT in Client/Server–Architektur. Hierbei werden die Aufgabenbereiche
Analyse, Beratung, Konzeption, Programmierung, Schulung und Support
übernommen.

1.3   Das Software–Paket Omega

OMEGA ist ein integriertes Software–System zur Unternehmenssteuerung.
Es besitzt eine Client/Server–Architektur und verfügt u.a. über folgende
Module: Stammdatenverwaltung, Auftragsabwicklung, Materialwirtschaft,
Einkauf, Vertrieb, Servicemanagement und Produktverfolgung. Es bietet
zudem ISO 9000–Unterstützung und über Schnittstelle den Anschluß an
Finanzbuchhaltungs- und Kostenrechnungssysteme.

Die Beschreibung des logischen Datenmodells von OMEGA erfolgt anhand einer selbstentwickelten Sprache zur Beschreibung von Sub–Schemata.
Diese SSDL–Dateien dienen nicht nur zur Definition des konzeptuellen Schemas, sondern werden auch als Inputdateien für ein Tool mit Namen *GenRef*
verwendet, das die SQL–Anweisungen generiert, um das physische Datenmodell zu erzeugen.

Die Programmlogik der Stammdatenmodule von OMEGA wird ebenfalls überwiegend mit einem eigenentwickelten Codegenerator namens *Adl* erzeugt. Da all diese Module eine ähnliche Struktur und Programmlogik aufweisen, eignen sie sich gut für die Erstellung mittels eines solchen Werkzeugs, um die Produktivität beim Entwicklungsprozeß zu erhöhen.

Komplexe Module und Masken, die Bewegungsdaten bearbeiten, werden nativ per Hand in der 4GL–Sprache von PROGRESS® implementiert.

OMEGA verwendet serverseitig zur Speicherung und Verwaltung seiner Daten das RDBMS von PROGRESS® Version 8, verfügbar auf allen gängigen UNIX™–Derivaten wie auf Microsoft® Windows™ NT Server.

Die Client–Seite läuft auf Arbeitsplätzen mit Intel® Pentium® unter Microsoft® Windows™ 95 und Microsoft® Windows™ NT Workstation.

Von der funktionalen Seite her betrachtet, baut OMEGA auf ein Workflow–Konzept auf, das sich durch das ganze System wie ein roter Faden durchzieht. Kern und Rückgrat des Workflow–Konzepts und somit der gesamten Anwendung ist das Belegswesen.

Da in einem heutigen Unternehmen sämtliche Geschäftsprozesse einen Beleg als Anstoß brauchen und einen Beleg als Ergebnis liefern, erscheint es sinnvoll, das Workflow–Management der kompletten Software–Applikation in das Belegswesen zu integrieren.

In OMEGA wurde dies so realisiert, daß jeder Geschäftsprozeß durch ein hierarchisches, mehrstufiges Netz von Belegen abgebildet wird. Dieses Netz bestimmt, wie und in welcher Reihenfolge die verschiedenen Belege im System (und die mit ihnen verbundenen Teile eines Geschäftsprozesses) die unterschiedlichen Funktionen im Unternehmen (wie zum Beispiel Einkauf, Materialdisposition, Produktion, Vertrieb, Versand usw.) durchwandern.

Das sich in einem bestimmten Geschäftsprozeß ergebende Belegsnetz ist von zentraler Bedeutung für die ISO 9000–Konformität von OMEGA. Das System speichert die Herkunft eines jeden Belegs und die aus ihm entstandenen Folgebelegen an der richtigen Stelle im Netz. Nur so kann jederzeit ermittelt werden, wie und unter welchen Bedingungen ein ganz bestimmter Beleg zustande gekommen ist.

In OMEGA bereits definierte Belege sind beispielsweise Wareneingang, Warenausgang, Angebot, Kundenauftrag, Interner Auftrag, Bestellung, Rechnung etc.

Kapitel 2

Datenmodellierung

Das vorliegende Kapitel beschäftigt sich mit der schrittweisen Erstellung eines relationalen, logischen Datenmodells eines computergestützten PPS–Systems zur Terminierung und Kalkulation von Angeboten und Kundenaufträgen in dritter Normalform.

Zum Entwurf des logischen Datenmodells wird das in [Elm94] beschriebene Verfahren der *Informationsanalyse* angewendet. Die Informationsanalyse ist eine Methode zur Bestimmung und Beschreibung der hardware- und softwareunabhängigen, für eine konkrete Datenbankanwendung relevanten Informationsstruktur — in der Fachsprache „konzeptuelles Schema" genannt.

Sie setzt sich aus folgenden Phasen zusammen:

1. *Vorbereitungsphase*
   Reicht von der Idee, eine Informationsanalyse für einen vorgegebenen Anwendungsbereich durchzuführen über die Auswahl der Beteiligten bis zu ihrer Schulung in den Techniken der Informationsanalyse.

2. *Festlegung des Informationsbereiches*
   Umfaßt die genaue Auseinandersetzung mit der Problemstellung, das Identifizieren und Sammeln der für den gewünschten Anwendungsbereich relevanten Objekte und Assoziationen und ihre Zusammenfassung zu Objekt- und Assoziationstypen.
   Das Ergebnis dieser Phase ist eine verbale Beschreibung der gesammelten Informationen, die eine erste, grobe Struktur des Anwendungsbereichs widerspiegelt.

3. *Definition der Informationsstruktur*
   Zunächst wird für jeden in der vorherigen Phase festgelegten Objekttyp eine eindeutige Namenskonvention definiert. Danach werden zu diesen Objekttypen die für die Lösung der Problemstellung benötigten Eigenschaften (Attributen) gesammelt, was automatisch zu einer Verfeinerung der in der Phase 2 erstellten groben Struktur des Informationsbereichs führt. Da erfahrungsgemäß beim Prozeß der Verfeine-

rung neue, zuvor nicht berücksichtigte Objekttypen auftreten können, wird diese Phase mehrmals iteriert, bis alle notwendigen Namenskonventionen und Attribute eines Objekttyps ermittelt und in Form von semantisch irreduziblen Assoziationstypen beschrieben wurden. Der letzte Teil dieser Phase wird gewöhnlich in grafischer Notation durchgeführt.

4. *Ermittlung von semantischen Gesetzmäßigkeiten*
Es wird untersucht, welche Gesetzmäßigkeiten die Semantik der ermittelten Objekt- und Assoziationstypen sowie die Beziehung zwischen ihnen erzwingt — in der Fachsprache der Datenbanken „Metainformation" genannt. Dieser Schritt bedeutet in der Regel eine Kontrolle der Vollständigkeit oder höchstens eine Ergänzung des konzeptuellen Schemas.

Die Phase 1 wurde im konkreten Fall der vorliegenden Diplomarbeit bereits implizit ausgeführt und umfaßte das Wählen und Konkretisieren des Diplomthemas und die dafür erforderlichen vorbereitenden Einarbeitungen. Die Phasen 2 und 3 werden ausführlich in diesem Kapitel bearbeitet.

Aufgrund der umfaßenden Komplexität des Themas erscheint es zweckmäßiger, die semantischen Regeln der Phase 4 schon innerhalb der Phasen 2 und 3 an der Stelle zu behandeln, wo sie noch aktuell sind und ihre Zusammenhänge am besten erkannt werden können. Das Aufstellen dieser Gesetzmäßigkeiten gemeinsam in einem eigenen Abschnitt würde leicht zu Unübersichtlichkeit führen.

So wird in den kommenden Abschnitten dieses Kapitels zunächst die Zielgruppe der PPS–Software auf ihre Anforderungen untersucht und festgehalten. Als nächstes wird der Informationsbereich, das heißt das zu lösende Problem, erkundet und festgelegt, um anschließend die Feinstruktur dessen Objekte zu erläutern. Schließlich wird die Informationsstruktur des gesamten Systems definiert.

2.1 Eigenschaften von Auftrags- und Kleinserienfertigern

Wie in Abschnitt 1.1 auf Seite 1 bereits erwähnt, ist die Zielgruppe des PPS–Moduls der Auftrags- und Kleinserienfertiger. Um das PPS–System nicht an den Bedürfnissen dieser Zielgruppe vorbei zu entwerfen, ist es an dieser Stelle wichtig, ihre speziellen Anforderungen genau zu definieren und diese im Laufe dieser Arbeit konstant im Blick zu behalten.

Auftrags- bzw. *Einzelfertiger* stellen laut [Woe84, S. 412] von einem Produkt in der Regel nur eine Einheit her. Werden mehrere Erzeugnisse zur gleichen Zeit produziert, so sind die voneinander verschieden; wird ein Produkt zu einer späteren Zeit nochmals gefertigt, so liegt im strengen Sinne keine Wiederholung des Fertigungsprozesses vor, weil der gesamte Produktionsapparat erneut auf die Fertigung eingestellt werden muß.

Betriebe mit Einzelfertigung arbeiten in der Regel auf Bestellung, das heißt der Marktpartner ist nicht beliebig, sondern dem Betrieb von vornherein bekannt. Sie haben kein festes Produktionsprogramm und richten sich in der Ausführung gewöhnlich nach den spezifischen Wünschen ihrer Kunden.

»Werden mehrere Produkte, die sich aus vielen Einzelteilen zusammensetzen, und die auf Grund ihrer unterschiedlichen Konstruktion einen unterschiedlichen Fertigungsgang haben, in begrenzter Menge hergestellt, so liegt eine *Serienfertigung* vor.« [Woe84, S. 414]. Zusätzlich erfolgt regelmäßig eine Umstellung auf die Produktion eines anderen Erzeugnisses, wobei fertigungstechnische Unterschiede zwischen den einzelnen Erzeugnissen bestehen.

Aus diesem Grund erfolgt laut [Woe84, S. 412] die Materialbeschaffung für jeden Auftrag gesondert und im konkreten Bedarfsfall (anstelle eines stochastischen Bestellverfahrens), und das Halten größerer Materiallager erscheint nur bei universal verwendbaren Werkstoffen und Einbauteilen sinnvoll. Aufgrund eines sehr unterschiedlichen Umfangs der Kundenaufträge erweist es sich als besonders schwierig, eine dauernde Vollausnutzung der vorhandenen Kapazitäten zu erreichen.

»Hinsichtlich der Termindisposition ist zu beachten, daß die Einzel- und Kleinserienfertigung [...] zu äußerst komplexen, unter Beachtung jeweils veränderter Datenkonstellationen permanent neu zu lösenden Abgleichs- und Reihenfolgeproblemen führt. Dies liegt in der bei Einzel- und Kleinserienfertigung ständig wechselnden Auftragsstruktur und voneinander abweichenden Arbeitsplatz- bzw. Maschinenfolgen für die einzelnen Aufträge begründet.« [Gla91, S. 398].

Auftrags- und Kleinserienfertiger stellen die Fertigungsvorbereitung vor schwierige Aufgaben. Die Herstellung jedes einzelnen Produktes bzw. jeder einzelnen Kleinserie muß gesondert vorbereitet werden. Weil eine Wiederholung der Produktion nicht in Frage kommt, muß das Unternehmen solche Betriebsmittel beschaffen, die vielseitig verwendbar und leicht umzustellen sind. Auch die Arbeitskräfte dürfen nicht auf bestimmte Gebiete allein spezialisiert sein, sondern müssen über vielseitige Fähigkeiten verfügen (vgl. [Woe84, S. 412]).

Als Ergebnis einer ausführlichen Untersuchung kommt [Gla91, S. 406ff] zu dem Schluß, daß Einzel- und Kleinserienfertiger zum großen Teil kundenindividuelle Produkte und Standardprodukte mit kundenspezifischen Varianten erzeugen. Betriebsaufträge bzw. Primärbedarfe entstehen vorwiegend infolge von Kundenaufträgen in Form von Einzelbestellungen.

Es verwundert dann nicht, daß hohe Termintreue, kurze Durchlaufzeiten und große Flexibilität zur schnelleren Reaktion auf Kundenwünsche für besonders bedeutsam gehalten werden. Die Organisationsformen der Fertigung sind bei diesen Betrieben gleichermaßen die Werkstatt- und die Gruppenfer-

tigung mit einer ein- und/oder mehrstufigen Produktion. Die durchschnittliche Auftragsdurchlaufzeit kann als relativ lang eingestuft werden.

Die *Werkstattfertigung* ist der Organisationstyp der Fertigung, der Maschinen und Arbeitsplätze mit gleichartigen Arbeitsverrichtungen in einer
„Werkstatt" zusammenfaßt, z.B. Dreherei, Fräserei, Bohrerei usw.

Da ein Werkstück in der Regel hintereinander von mehreren Arbeitsplätzen in der Werkstatt bearbeitet wird, entstehen relativ lange Transportzeiten, die zu den langen Bearbeitungszeiten addiert, zu langen Wartezeiten führen. Diese wiederum haben zur Folge, daß sich durch Zwischenla-
gerungen Bestände an Halbfabrikaten bilden, die Zins- und Lagerkosten ver-
ursachen und einen höheren Kontrollaufwand erfordern. So ist eine an den
jeweiligen Auftragsbestand ständig angepaßte und aktualisierte Auftrags-
und Arbeitsgangsterminierung erforderlich.

Die *Gruppenfertigung* versucht die Nachteile der Werkstattfertigung aus-
zuschalten, indem die Produktionsmittel, die für bestimmte Fertigungsgänge
notwendig sind, zu Gruppen vereinigt und innerhalb jeder Gruppe nach dem
Fließprinzip anordnet (vgl. [Woe84, S. 410f]).

2.2   Festlegung des Informationsbereiches

In diesem Abschnitt werden sämtliche Objekte des zu entwerfenden
PPS–Systems samt ihren Eigenschaften sowie bekannten internen Zusam-
menhängen im Detail analysiert und anschließend verbal beschrieben.

Dafür wird der von dieser Arbeit behandelte Informationsbereich in Teilbereiche zerlegt, die dann einzeln der Reihe nach betrachtet werden. Die
Wahl dieser Themenbereiche sowie die Festlegung ihrer Reihenfolge wurde
so vorgenommen, daß diese einem typischen Geschäftsprozeß eines gewöhnlichen Unternehmens der Zielgruppe entsprechen — angefangen von der
Primärbedarfsplanung, über ein Kundenangebot, -auftrag, die Fertigungsplanung bis hin zur Auftragsfreigabe in die Fertigung.

Es wurde gerade diese Vorgehensweise gewählt, um dem Workflow–
Konzept von OMEGA zu entsprechen und es bestens abbilden zu können.

Im einzelnen handelt es sich um folgende Punkte:

1. Stammdaten

2. Primärbedarfsplanung

3. Kundenanfrage

4. Kundenangebot

5. Primärbedarfsauflösung

6. Durchlaufterminierung

7. Vorkalkulation

8. Kundenauftrag

9. Materialdisposition

10. Simulierte Einlastung

11. Kapazitätsplanung

12. Verfügbarkeitsprüfung

13. Kundenauftragserteilung

14. Fixe Einlastung

15. Auftragsfreigabe

Sämtliche Aufgabengebiete, die der fixen Einlastung folgen und somit Teil der Fertigungssteuerung sind, wie zum Beispiel Betriebsdatenerfassung, Mit- und Nachkalkulation etc. werden in dieser Diplomarbeit nicht behandelt.

Die Formulierungen in diesem Abschnitt bilden die Basis für die Festlegung der Feinstruktur[1] und somit für die Definition der Informationsstruktur.[2]

Bei der Festlegung des Informationsbereiches wurden zuerst die in Frage kommenden Objekte und Sachverhalte genau identifiziert, definiert und im Anhang A auf Seite 103 zur besseren Übersicht zusammengestellt. Die nächsten Unterabschnitte bauen auf diesen Begriffen (meist in serifenloser Schrift dargestellt) auf, verwenden sie oder detaillieren sie weiter.

Dabei wird in den meisten Fällen als Mengenangabe bzw. Intervall $0..n$ und nicht $1..n$ verwendet. Dies ist wichtig, um Flexibilität und Benutzerfreundlichkeit bei der Bedienung der Anwendung zu erzielen. Hierdurch kann der Benutzer z.B. einen Arbeitsplankopf eingeben, ohne mindestens eine Arbeitsplanposition definieren zu muessen; diesen zweiten Schritt kann er jederzeit zu einem späteren Zeitpunkt unternehmen.

Würde das Intervall zwischen Arbeitsplankopf und -positionen $1..n$ lauten (wie es aus rein logischen Entwurfsüberlegungen der Fall sein sollte), so wäre der Anwender gezwungen, zumindest eine Position sofort bei Anlage des Arbeitsplans zu definieren.

2.2.1 Stammdaten

Die Arbeit in einem Unternehmen basiert heute immer auf bereits vorhandener Grundlageninformation. Ohne diese kann kein moderner Betrieb seinen

---

[1]Die Festlegung der Feinstruktur wird im Abschnitt 2.3 auf Seite 61 behandelt.
[2]Die Definition der Informationsstruktur finder im Abschnitt 2.4 auf Seite 74 statt.

alltäglichen Aktivitäten nachgehen, gleich ob computergesteuert oder auf
Papierbasis. Denkbare Beispiele solcher Information sind Personaldaten,
Artikeldaten, Kalkulationsmethoden etc.
Diese Daten — die sog. *Stammdaten* — sind absolute Voraussetzung für
den reibungslosen und effizienten Betrieb des Unternehmens und müssen jederzeit richtig und konsistent vorliegen. Ein Mitarbeiter der Vertriebsabteilung würde beispielsweise nicht in der Lage sein, einem Kunden ein Angebot
zu machen, wenn er keine Daten zur Verfügung hat über den Artikel, den
er anbieten möchte.
Weil diese Daten die Basis eines PPS–Systems bedeuten, werden sie als
erstes betrachtet.
In einem produzierenden Betrieb der festgesetzten Zielgruppe lassen sich
folgende Themenbereiche erkennen, die einen konkreten Bezug zur Produktionsplanung eines PPS–Moduls haben und in denen Stammdaten eine mehr
oder weniger wichtige Rolle spielen:

- Mitarbeiter

- Betriebskalender

- Schichtmodell

- Artikel, Teil, Stückliste

- Arbeitsplan, Arbeitsgang

- Betriebsmittel, Hilfsmittel

- Arbeitsplatz

Diese Gebiete werden nun in den nächsten Unterabschnitten im Detail
behandelt. Sie werden zudem eventuell an anderen Stellen in diesem Kapitel um wichtige Eigenschaften ergänzt; dies erfolgt zur besseren Übersicht
in dem Abschnitt, in dem die Erweiterung thematisch am umfassendsten
behandelt wird.

Mitarbeiter

In dem PPS–Modul eines integrierten Software–Pakets wie OMEGA wird in
aller Regel nur Mitarbeiterinformation geführt, die die Personalzeitplanung
in der Fertigung ermöglicht, die restlichen Mitarbeiterdaten sind meist im
Personalmodul enthalten.
In der ersten Version des PPS–Systems von OMEGA sind allerdings keine
Funktionalitäten zur Personalzeitplanung vorgesehen; an dieser Stelle soll
lediglich die Basis dafür im Datenmodell geschaffen werden.
Dies bedeutet, daß im Rahmen der Diplomarbeit keine Stammdaten für
die Verwaltung von fertigungsrelevanten Mitarbeiterdaten und auch keine

Informationsstruktur definiert wird. Die Querverweise auf solch eine Information sollen jedoch an den wichtigsten Stellen angedeutet werden.

Es können also **0..n** Mitarbeiter im System definiert sein. Ein Mitarbeiter darf **0..n** Arbeitsplätzen zugewiesen werden, an denen er arbeitet.

Betriebskalender

Nun werden die Daten zur allgemeinen Zeitwirtschaft definiert, die in der Produktionsplanung und -steuerung eine Rolle spielen.

Für die Terminrechnung in den Planungs- und Kontrollaufgaben im Betrieb muß ein eigenes Kalendermodul mit Berücksichtigung der Arbeits- und Nicht–Arbeitstage im PPS–System zur Verfügung stehen. Das ist die Aufgabe des Betriebskalenders.

Er ordnet jedem Tag eines Jahres (Betriebskalendertag) **1** Datum und **1** Tagesart zu. Es müssen nicht alle Tagesarten in Benutzung sein; einem einzigen Betriebskalendertag können aber mehrere Tagesarten zugewiesen werden, z.B. kann ein Dienstag auch Feiertag sein und zudem Betriebsurlaub darstellen.

In einem solchen Fall muß der Betriebskalender–Modul, abhängig von den Customizing–Einstellungen der Applikation, *eine* Tagesart liefern.

Die Tagesarten sollen vom Benutzer frei definierbar sein; ein Betriebskalendertag darf nur **1** Mal in einem Betriebskaleder enthalten sein.

Ebenso müssen **1..n** Betriebskalender im System definiert sein, da meistens die Kalender mehrerer Jahre hintereinander gleichzeitig verwaltet werden sollen. Für jedes Kalenderjahr dürfen jeweils **0..n** Betriebskalender verwendet werden, um mehrere internationale Standorte mit verschiedenen Betriebskalendern unterstützen zu können.

Schichtmodell

Als nächstes zentrales Objekt der Zeitwirtschaft eines PPS–Systems dient das Schichtmodell der Festlegung der Zeiten, die ein Arbeitsplatz in der Fertigung für die Bearbeitung der freigegebenen Fertigungsaufträge zur Verfügung steht.

Eine Schicht faßt die verschiedenen produktiven und/oder unproduktiven Zeiten an einem Arbeitsplatz — die sog. Schichtelemente — zu einer Gruppe zusammen.

Im System müssen **1..n** Schichten definiert sein; eine Schicht kann **0..n** Schichtelemente enthalten.

Die Beginnzeit des ersten Schichtelements ist gleichzeitig die Beginnzeit der Schicht. Analog wird die Endzeit des letzten Schichtelements der Schicht automatisch zur Endzeit der Schicht. Die Summe der Produktionszeiten aller Schichtelemente ergibt die gesamte Sollarbeitszeit der ganzen Schicht.

Eine Schicht soll über Betriebskalendertag–Grenzen hinausgehen dürfen (d.h. über Mitternacht), um verschiedenste Fällen in der Praxis berücksichtigen zu können, bei denen sich eine Schicht über die Grenze zweier Tage erstreckt. Somit darf eine Schicht **1..2** Tage belegen.

Bei der Implementierung der Durchlaufterminierung soll aber dieser Sonderfall beachtet und die Inanspruchnahme des zweiten Fertigungstages nicht übersehen werden.

Ein **Schichtelement** stellt eine bestimmte Zeitart am Arbeitsplatz dar, die alternativ Produktionszeit, Pause, Reparatur oder Wartung sein kann.

Ein Schichtelement hat eine Beginn- und eine Endeuhrzeit, ebenso ein Gültigkeitsintervall, der durch ein Anfangs- und ein Endedatum festgelegt wird.

Durch die Definition von Gültigkeitszeiten eines Schichtelements können zukünftige Änderungen in den Arbeitszeiten einer Schicht flexibel geplant werden, indem diese im voraus in das System eingegeben und berücksichtigt werden. Ein Beispiel hierfür sind durch einen erkennbaren Markttrend bedingte Arbeitszeitanpassungen.

Durch die Angabe von Priorieäten soll der Konflikt effizient umgangen werden, in dem zu einem bestimmten Zeitpunkt mehrere gültige aber unterschiedliche Schichtelemente vorhanden sind.

Einer Schicht können jeweils **0..n** dieser Elemente zugeordnet werden. Es muß aber nicht jede Art von Schichtelement in einer Schicht vertreten sein. Wichtig ist nur, daß jede Minute der von der Schicht belegten Zeit durch ein Schichtelement lückenlos und ohne Überschneidungen abgedeckt ist; dies impliziert, daß ein bestimmtes Schichtelement **1** Mal in der selben Schicht vorhanden sein darf.

Ein **Schichtmodell** faßt **0..n** vordefinierte Schichten zu einer Gruppe zusammen (beispielsweise Früh-, Spät- und Nachtschicht) und ordnet sie **1** Tagesart innerhalb **1** vorgegebenen Zeitintervall (Gültigkeitsintervall) zu, um Arbeitstage definieren zu können, die aus mehreren Schichten bestehen.

Eine Schicht darf dabei nur **0..1** Mal in einem Schichtmodell vorkommen, um ebenfalls Überschneidungen zu vermeiden; dies soll aber, um das Datenmodell nicht unnötigerweise zu kompliziert zu gestalten, von der Programmlogik überprüft werden.

Das Definieren von Gültigkeitszeiten eines Schichtmodells — zusätzlich zu dem Gültigkeitsintervall eines Schichtelements — ermöglicht die Berücksichtigung von saisonbedingten Schwankungen des Kapazitätsangebots im Betrieb.

Durch Zuweisung eines vorgegebenen Schichtmodells zu einem einzelnen Arbeitsplatz wird letzterem eine bestimmte Tageskapazität zugeordnet, um bei der Kapazitätsplanung alle notwendigen Daten arbeitsplatzbezogen verfügbar zu haben.

In OMEGA wird zudem (anhand der Programmlogik) die Möglichkeit der Zuweisung eines Standard–Schichtmodells jeder Abteilung eines Unternehmens vorgesehen, die für *sämtliche* im Betriebskalender–Modul definierte Tagesarten eine spezifische Schichtenkonstellation festlegt. Dies entspricht dem durchgängigen Versuch von OMEGA als Standard–Software, anhand von Customizing–Voreinstellungen flexibel konfigurierbar zu sein und ist für die gewählte Zielgruppe des PPS–Systems sinnvoll, da kleine bis mittelgroße Fertigungsunternehmen in der Regel innerhalb einer Abteilung bzw. Werkstatt feste, vordefinierte Schichten auf allen Arbeitsplätzen fahren.

Für die selten auftretenden Ausnahmen, bei denen an einem bestimmten Arbeitsplatz eine andere Schichtzusammensetzung gewünscht ist, wird die Alternative vorgesehen, ein Ausnahme–Schichtmodell zu deklarieren. Dieses definiert für die in Frage kommenden Gültigkeitsintervalle (z.B. bei Saisonarbeit) oder für einzelne Tagesarten (z.B. im Fall eines standortspezifischen Feiertages) eine vom vorgegebenen Defaultmodell abweichende Schichtanordnung. Das auf diese Weise definierte Ausnahme–Schichtmodell kann dann einem bestimmten Arbeitsplatz bzw. -gruppe zugewiesen werden, um eine ausreichende Flexibilität zu gewährleisten.

Die Logik der Anwendung muß dafür Sorge tragen, daß falls kein Ausnahme–Schichtmodell für das aktuelle Datum und die aktuelle Tagesart im System hinterlegt wurde, automatisch das zutreffende Standard–Schichtmodell für die zu bearbeitende Aktion verwendet wird.

Das Ermitteln der an einem vorgegebenen Arbeitsplatz an einem bestimmten Tag des Jahres vorhandenen Kapazität erfolgt folgendermaßen: Zu dem gewünschten Tagesdatum liefert der Betriebskalender die richtige Tagesart, zum Beispiel Mittwoch, nicht Feiertag und kein Betriebsurlaub. Das dem Arbeitsplatz zugeordnete Schichtmodell definiert die Schichten, die an einem Mittwoch gefahren werden; eventuell muß hier auf das richtige Gültigkeitsintervall geachtet werden. Die an diesem Mittwoch am genannten Arbeitsplatz vorhandene Kapazität wird berechnet, indem die Produktionszeiten sämtlicher Schichten aufsummiert werden. Dabei muß beachtet werden, daß falls eine Schicht über Tagesgrenzen hinaus geht, nur die am Mittwoch anfallenden Stunden berücksichtigt werden dürfen.

Der Leistungsgrad einer produktiven Zeit wird nicht an dieser Stelle, sondern in dem jeweiligen Arbeitsplatz berücksichtigt.

Artikel, Teil, Stückliste

Der in OMEGA bereits vorhandene Artikelstamm ist nur indirekt in dem zu entwerfenden PPS–System von Bedeutung. Interessant sind vor allem Rohstoffe und Verbrauchsmaterialien, weil OMEGA diese Warengruppen vollständig im Artikelstamm verwaltet.

Ebenso Artikel, die als Teil in ein Erzeugnis eingehen, sind mit sämtlichen Eigenschaften im Artikelstamm gespeichert.

Einen weiteren, bedeutenden Stamm stellt in einem System zur Produktionsplanung und -steuerung auch der Teilestamm dar.

Er verwaltet Informationen zu sämtlichen Teilen, die im fertigenden Betrieb benötigt werden.

Um eine effiziente Materialdisposition zu ermöglichen, soll das System 0..n Teile speichern und verwalten können.

Besitzt das Teil eine Erzeugnisstruktur, so kann diese im System in Form einer Stückliste verwaltet werden.

Einem Teil können 0..n Stücklisten zugewiesen werden, um systemseitig Erzeugnisstrukturen führen zu können, die alternativ aus unterschiedlichen Bausteinen aufgebaut sind, zum Beispiel verschiedene, aber ähnliche Varianten des selben Produkts.

Eine simple mehrstufige Erzeugnisstruktur — die zudem in späteren Abschnitten als Grundlage für weitere Beispiele verwendet wird — ist in Abbildung 2.1 nach [Kur95] dargestellt. Sie zeigt auch an jeder Kante des Baumdiagramms den entsprechenden Mengenfaktor.

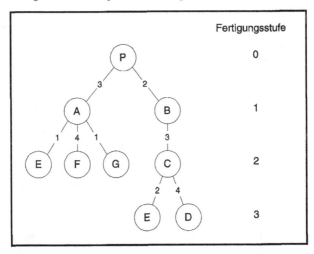

Abbildung 2.1: Erzeugnisstruktur des Produkts P

Stücklisten dienen dazu, die mehrstufige Erzeugnisstruktur eines Teils bzw. Artikel zu verwalten.

Laut [Gla91, S. 14] erweist sich die Verwendung von Baukastenstücklisten im Vergleich zum Einsatz von anderen Stücklistentypen bei einer computergestützten Datenverwaltung als vorteilhaft, weil bei einem derartigen System die Zusammensetzung einer Baugruppe nur einmal gespeichert werden muß, was bei Mehrfachverwendung des Teils zu erheblichen Speicherplatzeinsparungen führt.

Eine Stückliste besteht also aus **1** Stücklistenkopf mit Informationen und aus **0..n** Positionen. Eine Position kann dann **1** Einzelteil (d.h. ohne Erzeugnisstruktur) oder wiederum **1** *andere* Stückliste entsprechen (nicht sich selbst).

Auf diese Weise sollen mehrstufige Stücklisten in beliebiger Schachtelungstiefe möglich sein.

Auch Verbrauchsmaterialien, die in das Produkt eingehen, wie zum Beispiel Rohstoffe oder einen teuren Schweißdraht, können in der Stückliste enthalten sein.

Aus verwaltungs- und fertigungstechnischen Gründen wird in einem PPS–System zwischen auftragsneutralen und -spezifischen Stücklisten unterschieden. Zum Beispiel ist es bei Auftragsfertigern nicht unüblich, noch nie hergestellte (und somit im System nicht geführte) Produkte nach Kundenspezifikation zum ersten Mal zu fertigen oder Erzeugnisse in neuen Varianten einmalig zu produzieren.

Auftragsneutrale Stücklisten — auch *Stammstücklisten* genannt — können zu jedem Teil definiert werden, das ein Erzeugnis oder eine Baugruppe darstellt, d.h. zu jedem Teil mit einer Erzeugnisstruktur.

Wird ein Fertigungsauftrag an die eigene Produktion gegeben, so muß eine auftragsspezifische Stückliste — auch *Fertigungsstückliste* genannt — im System angelegt werden, beispielsweise durch Kopieren einer Stammstückliste und Ändern bzw. Ergänzen der darin enthaltenen Defaulteinstellungen. Diese enthält dann ganz konkrete Werte und Parameter, die für diesen einen und alle folgenden Fertigungsaufträge relevant sind.

Die Praxis zeigt, daß viele Auftragsfertiger oft Produktionsaufträge an die eigene Fertigung geben, ohne daß die entsprechenden Stücklisten vorhanden oder sämtliche in das Endprodukt eingehende Teile bekannt sind. Dies erfordert eine sehr hohe Flexibilität vom PPS–System. Aus diesem Grund soll das zu entwerfende PPS–Modul — im Gegensatz zu vielen heutigen Softwareprodukten — den Disponenten bei der Dateneingabe bzw.-pflege nicht dazu zwingen, eine (Stamm- oder Fertigungs-)Stückliste einem bestimmten Teil zuzuordnen.

Mit den Arbeitsplänen verhält es sich genauso, darum gilt für diese das gleiche (vgl. hierzu [Kur95, S. 200ff]); das erklärt die vielen **0..n** Intervalle anstatt **1..n** in den folgenden Absätzen und Abschnitten.

Es können also **0..n** Stammstücklisten und **0..n** Fertigungsstücklisten im System definiert sein. Jede Stückliste (Stücklistenkopf) muß **0..1** Teil entsprechen und ebenso muß jede Stücklistenposition **0..1** Teil abbilden.

Einer Stammstückliste können **0..n** Stammarbeitspläne zugeordnet werden, die alternativ nach Wunsch des Anwenders verwendet werden können.

Alternativ–Fertigungsarbeitspläne zu einer Fertigungsstückliste sind dagegen nicht erlaubt (und auch nicht sinnvoll), weil der Disponent die genaue Vorgehensweise für die Fertigung in dem Fertigungsarbeitsplan endgültig festzulegen hat. Unerwartete Ereignisse, die die im Fertigungsarbeitsplan festgelegten Produktionsschritte gefährden könnten, wie z.B. das Ausfallen einer Maschine, werden durch die Inanspruchnahme der vordefinierten Ausweich–Arbeitsplätzen umgangen.

Produktvarianten werden in der Erzeugnisstruktur berücksichtigt, und zwar wird *je* Variante **1** *eigene* Baukastenstückliste im System geführt. Durch die Verwendung dieser Stücklistenart wird die redundante Speicherung der Daten von Bauteilen, die in verschiedenen Varianten unverändert vorkommen, vermieden.

Teileverwendungsnachweise werden in jedem heutigen Produktionsunternehmen als ein wichtiges Dispositions- und Kontrollinstrument erachtet. Sie spielen bei der Materialdisposition eine große Rolle, aber auch u.a. zur Rückverfolgung von bestimmten Teilen in einer gefertigten Charge, zum Beispiel um zu ermitteln, welche bereits gelieferten Produkten vom Kunden zurückgerufen werden sollen, weil eine darin montierte Schraube einen Materialdefekt aufweist.

Arbeitsplan, Arbeitsgang

Wichtige Informationen, die bei der Durchlaufterminierung und Einlastung eines Fertigungsauftrags gebraucht werden, sind im Arbeitsplan enthalten.

Jeder Stückliste eines Teils T werden **0..n** Arbeitspläne zugeordnet, **0..1** Haupt- und eventuell **0..n** Alternativ–Arbeitspläne; die Programmlogik ist dafür zuständig, zu entscheiden, welcher davon der Haupt–Stammarbeitsplan und welche die Alternativ–Stammarbeitspläne sind, die abhängig von z.B. der Stückzahl oder bestimmten Qualitätsanforderungen anstelle des Hauptarbeitsplanes verwendet werden können. Es ist zum Beispiel denkbar, daß die Benutzung einer teuren NC–Maschine erst bei großer Stückzahl rentabel ist, für kleine Losgrößen würde man ein anderes Betriebsmittel einsetzen.

Ein Arbeitsplan definiert, wie T gefertigt und/oder aus den in den Positionen der Stückliste von T aufgeführten Teilen zusammenmontiert wird. Dieser Ansatz setzt sich durch die ganze mehrstufige Erzeugnisstruktur von T fort.

Das heißt, jeder Baugruppe B einer Position der mehrstufigen Stückliste von T ist eine eigene Stückliste — womöglich auch mit mehreren Stufen —, und ihr wiederum ein bestimmter Arbeitsplan zugewiesen, der angibt, wie B gefertigt und/oder aus seinen Unterteilen montiert wird usw.

So wird jede Fertigungsstufe von T durch einen eigenen Arbeitsplan abgedeckt; der Gesamtarbeitsplan von T setzt sich aus den einzelnen, jedem Knoten der Stückliste zugeordneten Arbeitsplänen zusammen.

Um die Arbeitspläne aber so flexibel wie möglich zu halten, ist es dem Benutzer freigestellt, ob er, wie gerade erläutert, jeder Unterbaugruppe in T einen eigenen Arbeitsplan zuordnet oder er für T stücklistenebenenübergreifend nur einen einzigen Gesamt–Arbeitsplan definiert und verwendet.

In so einem Arbeitsplan würde der Anwender Teile aus verschiedenen Stufen der Stückliste von T ansprechen und entsprechende Arbeitsanweisungen deklarieren.

Das Datenmodell wird so entworfen, daß beide Möglichkeiten — und auch sämtliche Kombinationen davon — unterstützt werden.

Analog zu den Stücklisten[3] und aus den selben Gründen wird auch an dieser Stelle zwischen Stammarbeitsplänen und Fertigungsarbeitsplänen unterschieden.

Es können **0..n** Stammarbeitspläne und **0..n** Fertigungsarbeitspläne im System definiert sein, wobei ein Stammarbeitsplan für **0..n** Stammstücklisten verwendet werden kann und ein Fertigungsarbeitsplan **0..1** Fertigungsstückliste entsprechen kann.

Die Anforderung, daß ein Arbeitsplan mehreren Stücklisten zugeordnet werden kann, ergibt sich aus der Praxis. Bei der Fahrradmontage zum Beispiel gibt es in der Regel einen Arbeitsplan, der diese Tätigkeit für sämtliche Fahrradmodelle beschreibt; die Erzeugnisse unterscheiden sich fast nur in Rahmentyp, Rahmengröße, Radtyp, Radgröße, Schaltung und sonstige Ausstattung, die Montageschritte bleiben aber ungeachtet dessen die gleichen.

Ein Arbeitsplan enthält zum Zweck der Definition von Arbeitsschritten **0..n** *Arbeitsplanpositionen*; jede Position bedeutet 1 Arbeitsfolge oder Arbeitsgang.

In einem Arbeitsplan muß für alle Arbeitsplanpositionen eine eindeutige Struktur und eine Reihenfolge definiert werden, d.h. jede Position hat einen Nachfolger, außer der letzten. Ebenso muß jeder Position ein Vorgänger zugewiesen werden, außer der ersten. Diese eindeutige Reihenfolge in beiden Richtungen ist erforderlich, da die Art der Durchlaufterminierung (vorwärts oder rückwärts) eine entsprechende Richtung bei der Verarbeitung des Arbeitsplanes induziert.

In einigen Fällen der Praxis (meistens wenn, wie weiter oben erläutert, fertigungsstufenübergreifende Gesamt–Arbeitspläne erstellt werden) sind sogar vollständig parallel auszuführende Arbeitsgänge innerhalb eines Arbeitsplans vorhanden, die eine netzartige Struktur bilden. Solche Arbeitsplanstrukturen werden ebenfalls seitens des PPS–Systems unterstützt.

Die Abbildung 2.2 auf der nächsten Seite zeigt einen parallelen Arbeitsplan für die in der Abbildung 2.1 auf Seite 16 nach [Kur95] dargestellte Baugruppe A, der sich über die Fertigungsstufen 1 und 2 erstreckt. In der Grafik ist deutlich zu erkennen, daß die Arbeitsgänge E, F und G parallel ausgeführt werden.

Ein Beispiel dafür wäre — um beim Fall der Montage eines Fahrrads zu bleiben — das gleichzeitige Montieren von Vorder- und Hinterrad; denkbar, wenn zwei Mitarbeiter gemeinsam an einem Arbeitsplatz arbeiten.

---

[3]Die Beschreibung einer Stückliste ist im Abschnitt 2.2.1 auf Seite 17 zu finden.

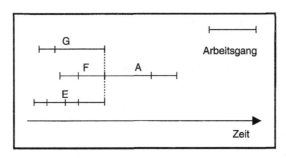

Abbildung 2.2: Parallele Arbeitsplanstruktur für die Baugruppe A

Eine Arbeitsplanposition enthält also **1** Arbeitsfolge oder Arbeitsgang; der selbe Arbeitsgang darf aber in **0..n** Arbeitsplanpositionen referenziert werden und somit in dem selben Arbeitsplan **0..n** Mal vorkommen.

Eine **Arbeitsfolge** besteht aus **0..n** Arbeitsgängen und dient einfach ihrer Gruppierung, damit der Benutzer weniger Arbeitsaufwand bei der Definition und Benutzung von logisch zueinander gehörenden Arbeitsgängen hat. Die Arbeitsgänge einer Arbeitsfolge müssen aber — aus den gleichen Gründen und in der gleichen Art und Weise wie im Fall der Arbeitsplanposition — eine bestimmte Reihenfolge und/oder Netzstruktur einhalten.

Eine Arbeitsfolge kann in **0..n** Arbeitsplänen, jedoch **0..1** Mal in einer Arbeitsplanposition auftreten.

Es können **0..n** Arbeitsgänge im System definiert sein, wobei ein Arbeitsgang in **0..n** Arbeitsplänen aber in **0..1** Arbeitsplanposition auftreten kann.

Jeder Arbeitsgang kann **0..1** Arbeitsplatz, an dem er ausgeführt wird, zugeordnet werden. Die Zuweisung eines Arbeitsgangs einem Betriebsmittel anstatt einem Arbeitsplatz erscheint nicht sinnvoll, da der Arbeitsgang Betriebs-, Hilfsmittel und Arbeitskraft in Anspruch nimmt, und nicht allein ersteres.

Ferner kann ein Arbeitsgang auf **0..n** Teile verweisen, die in diesem verarbeitet werden. Das ist wichtig, damit später der Werker an der Maschine in seinen Arbeitspapieren eindeutig identifizieren kann, welches Teil genau bei diesem Arbeitsgang gemeint ist.

Die Definition von Alternativ–Arbeitsgängen erscheint in der ersten Version des PPS–Moduls noch nicht erforderlich, es ist stattdessen für zukünftige Releases vorgesehen.

Arbeitsfolgen und Arbeitsgänge können in einem Arbeitsplan wahlweise verwendet werden, erstere fassen nur Arbeitsanweisungen zusammen. Der Einfachheit halber wird nun ab dieser Stelle in der vorliegenden Arbeit von „Arbeitsgängen" gesprochen, gemeint sind aber beide Möglichkeiten — Arbeitsfolge und/oder Arbeitsgang.

Betriebsmittel, Hilfsmittel

Der Betriebsmittelstamm ist auch eines der großen Datenlager eines Betriebes. Er speichert alle notwendigen Informationen zu Fertigungsanlagen, Maschinen, Werkzeuge etc.

Es können **0..n** Betriebsmittel im System definiert sein. Ein Betriebsmittel kann an **0..1** Arbeitsplatz stehen und darin zur Verarbeitung von Fertigungsaufträgen verwendet werden.

Für den Disponenten eines fertigenden Betriebs sind vor allem die fachtechnischen Eigenschaften der Betriebsmittel von Interesse, wie zum Beispiel die maximale technische und die optimale Produktionsleistung einer Maschine.

Ebenso können **0..n** Hilfsmittel im System definiert sein; dies sind nicht kapazitätsbestimmende Artikel, die bei der Fertigung stückunabhängig gebraucht bzw. verbraucht werden, wie z.B. Kühlmittel einer Drehbank.

Ein Hilfsmittel kann **0..1** Arbeitsplätzen und/oder **0..1** Arbeitsplatzgruppen zugeordnet werden.

Arbeitsplatz

Ein Arbeitsplatz ist ein räumlicher Ort, in dem Arbeitsgänge eines Fertigungsauftrags durchgeführt werden können.

Im PPS–System können **0..n** Arbeitsplätze definiert sein.

In einem Arbeitsplatz stehen **0..n** Betriebsmittel und **0..n** Hilfsmittel, ihm können **0..n** Mitarbeiter (Werker) zugewiesen werden.

Die Betriebsmittel werden zur Verarbeitung des im Fertigungsauftrag bearbeiteten Teils verwendet, die Hilfsmittel sichern den reibungslosen Betrieb der Hilfsmittel und der Mitarbeiter bedient die Betriebsmittel oder erbringt Arbeitsleistung.

Ferner wird einem Arbeitsplatz **1** Belastungskonto für eingelastete Fertigungsaufträge zugeordnet.[4]

In einem Arbeitsplatz darf sich nur **1** Fertigungsauftrag (bzw. dessen Arbeitsgang) zu einem bestimmten Zeitpunkt in Bearbeitung befinden, **0..n** können in der Warteschlange auf ihre Bearbeitung warten. Da dies schon zur Fertigungssteuerung gehört, wird hier nicht näher betrachtet.

Einem Arbeitsplatz wird **0..1** Schichtmodell zugeordnet, um die Tageskapazität für diesen Arbeitsplatz festzulegen; ist ihm keines zugewiesen, so muß ein Standard–Schichtmodell abteilungsweit deklariert werden, das für diesen Arbeitsplatz gilt und verwendet wird.

Ferner wird die Leistung eines Arbeitsplatzes anhand **1** Leistungsgrads korrigiert bzw. der Realität angepaßt.

---

[4]Das Belastungskonto wird in Abschnitt 2.2.11 auf Seite 52 im Detail behandelt.

Einem Arbeitsplatz können **0..n** Arbeitsplätze als Ausweich–Arbeitsplatz zugewiesen und jeder Arbeitsplatz kann als Ausweichmöglichkeit für **0..n** anderen Arbeitsplätzen angegeben werden; ein Arbeitsplatz *A* darf aber nicht zu sich selbst als Ausweich–Arbeitsplatz definiert werden.

Ein Arbeitsplatz kann auch als Mitglied von **0..n** Arbeitsplatzgruppen definiert werden.

Es können **0..n Arbeitsplatzgruppen** im System definiert sein; sie werden aber bei der Planung und Steuerung vom PPS–System funktional wie ein Arbeitsplatz behandelt. Deren Planungs- und Steuerungswerte werden aus den einzelnen Werten der in der Gruppe enthaltenen Arbeitsplätzen errechnet (z.B. als Durchschnittswert) oder manuell eingegeben.

Eine Arbeitsplatzgruppe soll dergestalt realisiert werden, daß sie durch eine mehrstufige Arbeitsplatzhierarchie gebildet wird, die in jeder Hierarchiestufe **1..n** Arbeitsplätze und/oder **1..n** Arbeitsplatzgruppen sammelt, um heutige Werkstattstrukturen leicht und flexibel abbilden zu können, zum Beispiel Werk — Werkstatt — Arbeitsplatzgruppe — Arbeitsplatz.

So ließen sich bei der Durchlaufterminierung ohne große Schwierigkeiten Transportzeiten zwischen zwei bestimmten Werken berücksichtigen. Es ist auch denkbar eine weitere Stufe über dem Werk zu legen, die Niederlassungen definiert, um im Rechnungswesenmodul von OMEGA diesen verschiedenen Kostenrechnungskreisen zuzuordnen.

Um die Definition von sowohl rein technischen, örtlichen als auch logischen Arbeitsplatzgruppen zu ermöglichen, soll erlaubt werden, daß ein bestimmter Arbeitsplatz in **0..n** Arbeitsplatzgruppen enthalten sein darf. Dieser Fall ist auch in der Abbildung 2.3 auf der nächsten Seite berücksichtigt, die die gerade beschriebene Struktur eines Arbeitsplatzes grafisch darstellt.

Einer Arbeitsplatzgruppe wird zum selben Zweck wie bei einem Arbeitsplatz **0..1** Schichtmodell zugeordnet.

Die Definition von Ausweich–Arbeitsplatzgruppen ist zu diesem Zeitpunkt nicht notwendig, da die Funktionalität der Ausweich–Arbeitsplätzen für die Bedürfnisse der Zielgruppe ausreichend sind.

Weil im Rahmen der Fertigungsplanung — analog dem Fall Arbeitsgang/Arbeitsfolge — zwischen Arbeitsplatz und Arbeitsplatzgruppe keine funktionalen Unterschiede bestehen, wird in der vorliegenden Diplomarbeit im allgemeinen von „Arbeitsplatz" gesprochen; damit ist aber sowohl ein Arbeitsplatz als auch eine -gruppe gemeint. An den Stellen, an denen eine Unterscheidung notwendig ist, wird dies explizit vermerkt.

Arbeitsplatzverwendungsnachweise sind in modernen Betrieben — genauso wie Teileverwendungsnachweise — ebenfalls ein Muß. Sie werden eingesetzt, um festzustellen, welche Arbeitsgänge auf einem bestimmten Arbeitsplatz durchgeführt werden.

So kann beispielsweise ganz leicht ermittelt werden, welche Arbeitsgänge — und auch die entsprechenden Fertigungsaufträge — von dem unerwartet

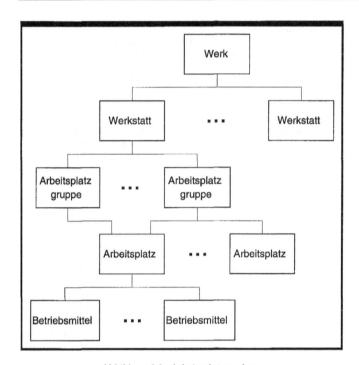

Abbildung 2.3: Arbeitsplatzstruktur

eingetretenen Stillstand einer bestimmten Maschine in der Fertigung betrof-
fen sind, um sie so schnell wie möglich umlasten zu können.

Arbeitsplatzverwendungsnachweise sollen im PPS–Modul in der ersten
Version nicht anhand spezieller Datenstrukturen unterstützt werden, sondern in erster Linie durch die Programmlogik.

2.2.2 Primärbedarfsplanung

In der Primärbedarfsplanung, die erste Aufgabe, die in einem produzierenden Unternehmen zu erledigen ist, werden eine Absatzprogramm- und eine
Produktionsprogrammplanung vollzogen.

In der ersten Planung werden die Produktarten und -mengen festge-
setzt, die in einem bestimmten Planungszeitraum abzusetzen sind — der
sog. *Primärbedarf* —; die zweite Planung beschäftigt sich mit der Festsetzung der (Fertig-)Produktarten und -mengen, die im zugrundegelegten

Planungszeitraum hergestellt werden sollen.

Im Fall von Auftragsfertigern entsteht ein Primärbedarf aus den nur unzureichend vorhersehbaren Kundenaufträgen.[5]

2.2.3 Kundenanfrage

Die Kundenanfrage ist die erste Station in dem im PPS–System abgebildeten gewöhnlichen Geschäftsprozeß.

Der Kunde wendet sich mit konkreten Fragen zu einem bestimmten Produkt P an den Vertrieb, wie z.b. frühestmöglicher Liefertermin, Kostenvoranschlag, Preisänderung bei verschiedenen Varianten des Grundproduktes usw.

In der Regel wird bei einer modernen, integrierten Softwarelösung die Kundenanfrage mit sämtlichen Kundenanforderungen und Wünschen im System als eigene Datenstruktur erfaßt und verwaltet, um jegliche Information zu speichern, die für deren Bearbeitung erforderlich ist. Da dieser Schritt aber dem Vertrieb zuzuordnen ist, wird die entsprechende Datenstruktur nicht in der vorliegenden Arbeit behandelt.

Nun kann der Mitarbeiter der Vertriebsabteilung als Reaktion auf die eingegangene Anfrage dem Kunden ein Angebot erstellen.

2.2.4 Kundenangebot

Laut [Kur95, S. 205f] sind mit der Bearbeitung eines Kundenangebots — vor allem das eines Auftragsfertigers — vier Problemkreise verbunden:

1. *Technische Machbarkeit*
    Es muß geprüft werden, ob das vom Kunden gewünschte Produkt im Unternehmen gefertigt werden kann. Sofern es sich nicht um eine Variante eines Standardteils handelt, muß häufig die Konstruktionsabteilung eingeschaltet werden.

2. *Liefertermin*
    Eine Terminzusage setzt voraus, daß zukünftige Durchlaufzeiten, Kapazitätsbelastungen, Beschaffungsfristen abgeschätzt werden können, was bei neuen Produkten oft mit erheblichen Problemen verbunden ist.

3. *Preis*
    Die Preisgestaltung ist ähnlich schwierig wie eine Terminzusage, da sie auf einer Kalkulation für noch nicht existierende Produktdaten aufbauen muß.

---

[5]Die Primärbedarfsplanung wird in der vorliegenden Arbeit nicht näher behandelt.

4. *Konditionen*
Andere Vereinbarungen beinhalten häufig Konventionalstrafen bei Terminüberschreitungen, Rabatte, Zahlungsbedingungen etc.

Zu diesen Gebieten erwartet der Kunden konkrete Aussagen seitens des angefragten Unternehmens.

Dabei ist der Mitarbeiter auf ein ausführliches und leistungsfähiges System angewiesen, das ihm »die erforderlichen Informationen schnell und geeignet aufbereitet zur Verfügung stellt. Da im heutigen Wettbewerb der Kunde leicht an einen Konkurrenten verlorengehen kann, der in der Lage ist, schneller zu reagieren, stellt die Qualität des PPS–Systems als Entscheidungsunterstützungssystem einen wichtigen Wettbewerbsfaktor dar.« [Kur95, S. 206].

OMEGA, als Workflow–Management System, erstellt aus der Kundenanfrage ein Kundenangebot, das eine geeignete Datenstruktur für dessen Anforderungen besitzt.

Da das Angebotswesen in den Modul zur Vertriebsunterstützung eingeordnet werden kann, werden die Eigenschaften des Kundenangebots im Rahmen dieser Arbeit nicht näher betrachtet; es werden lediglich die wichtigsten PPS–spezifischen Merkmale zum besseren Verständnis aufgeführt.

Es können **0..n** Kundenangebote im System geführt werden; ein Angebot muß **1** Verweis auf die Kundenanfrage, aus der es stammt, haben und kann weiter **0..n** Positionen haben.

Jede Position des Kundenangebots muß **0..1** Artikel bzw. Stückliste samt ihren technischen und kaufmännischen Eigenschaften aufnehmen können, wie zum Beispiel Lieferungs- und Zahlungsbedingungen.

Um auf die o.g. Problemkreise einzugehen, erstellt der Mitarbeiter im Zuge des von OMEGA unterstützten Workflow–Prozeß aus dem Kundenangebot einen weiteren Belegtyp, einen *Pseudo–Fertigungsauftrag*.

Dieser ist im Prinzip ein normaler Fertigungsauftrag, wird aber nur für Zwecke der Grobterminierung und Vorkalkulation verwendet. Er berücksichtigt also hauptsächlich die mengenmäßigen, die zeitlichen und die kostenmäßigen Aspekte des Kundenangebots und erhält seine Information aus den folgenden, als nächstes beschriebenen PPS–Funktionalitäten:

- Primärbedarfsauflösung

- Durchlaufterminierung

- Vorkalkulation

Sollte später ein Kundenauftrag aus dem Angebot resultieren, so wird dafür ein richtiger Fertigungsauftrag erstellt.

Es können also **0..n** Pseudo–Fertigungsaufträge im System geführt werden; ein Pseudo–Fertigungsauftrag hat u.a. **1** Stückliste, die „gefertigt" werden soll, **1** Losgröße, die die zu fertigende Stückzahl angibt, zeitliche und kostenorientierte Angaben zum Auftrag und 1 Verweis auf das Kundenangebot, dem er entspricht.

Ferner verweist ein Pseudo–Fertigungsauftrag auf 0..1 Fertigungsstätte, in der gefertigt werden soll.

Die zeitlichen Aspekte im Pseudo–Fertigungsauftrag umfassen 1 Vorgriffs- und 1 Sicherheitszeit, die bei seiner Anlage im System eingegeben werden, 1 Start-, 1 Endtermin und 1 Auftragsdurchlaufzeit, die mittels einer Durchlaufterminierung ermittelt werden.

Vorgriffs- und Sicherheitszeit werden in der Praxis oft verwendet, um Pufferzeiten bei der Planung zu definieren, die dem Disponent die Freiheit und Flexibilität geben, bei Termindruck Fertigungsaufträge innerhalb eines kurzfristigen Rahmens zu verschieben, ohne die Einhaltung des festgelegten, endgültigen Bedarfstermins zu gefährden.

Der Kostenfaktor ist 1 Preis, der anhand der Vorkalkulation ermittelt wird.

Für die Bearbeitung eines Pseudo–Fertigungsauftrags werden im System die selben Funktionalitäten zur Verfügung gestellt, wie für normale Fertigungsaufträge, außer daß Pseudo–Aufträge Kapazitaten in der Fertigung nur reservieren können, anstatt sie fix zu belegen.

Da sich Pseudo–Fertigungsaufträge und produktive („echte") Fertigungsaufträge in ihrem Aufbau kaum unterscheiden, werden beide in dieser Arbeit der Einfachheit halber als *Fertigungsauftrag* bezeichnet.

Während der Bearbeitung eines Angebots greift der Benutzer auf bereits im System definierte Stammdaten zurück, insbesondere auf den Artikel-, den Stücklistenstamm und die Stammarbeitspläne. Das ist meistens der Fall, wenn der Kunde Interesse an Standard–Produkten bzw. Produkten aus dem Angebot des Unternehmens zeigt. Für diese Produkte sind in der Regel sämtliche Informationen in den Stammdaten vorhanden, die für die Erstellung des Angebots notwendig sind.

Im Laufe der Angebotserstellung kann aber der Fall eintreten, daß eventuell neue Stücklisten und Arbeitspläne erstellt werden müssen, falls das gewünschte Produkt P und/oder die vom Kunden geforderte Variante nicht im eigenen Produktprogramm vorhanden sind.

Zur Erstellung kundenindividueller Produkte bzw. kundenspezifischer Produktvarianten werden häufig auftragsspezifische Teile benötigt. Es handelt sich hierbei um Teile, die jeweils nur einmal zur Erfüllung eines bestimmten Auftrages erforderlich sind (vgl. [Gla91, S. 423]).

Um beiden Fällen gerecht zu werden, um möglichst flexibel während der Fertigung des Auftrags auf Kundenwünsche reagieren zu können und um jederzeit auf einen abgeschlossenen Fertigungsauftrag mit sämtlichen Originaldaten zurückgreifen zu können (ISO 9000–Konformität), *muß* für jeden Fertigungsauftrag eine auftragsspezifische Fertigungsstückliste und/oder ein auftragsspezifischer Fertigungsarbeitsplan erstellt werden, beispielsweise durch Kopieren von Stammstücklisten bzw. -arbeitsplänen (vgl. hierzu

[Kur95, S. 203]).

Ab jetzt und bis zur Fertigstellung des Auftrages wird nur noch mit diesen — zum Teil noch anpassungsbedürftigen — auftragsspezifischen Daten gearbeitet. Nur durch so eine Vorgehensweise kann eine effektive Unterstützung von ISO 9000 garantiert werden.

Es ist hierbei zu beachten, daß zu diesem Zeitpunkt nicht erzwungen wird, daß sowohl Fertigungsstückliste als auch Fertigungsarbeitsplan definiert und eingesetzt werden müssen, sondern alternativ auch eins von beiden allein erstellt und dann verwendet werden darf, weil es genügend kleine Betriebe gibt, die oft mit nur einem der zwei auftragsspezifischen Konstrukten fertigen (vgl. [Kur95, S. 233f]).

2.2.5 Primärbedarfsauflösung

In der Primärbedarfsauflösung — als für die Bearbeitung des Kundenangebots vorgezogenem Bestandteil der Materialdisposition[6] — geht es um den mengenmäßigen Aspekt des Fertigungsauftrags.

Diese leitet ausgehend von dem aus der Produktionsprogrammplanung vorgegebenen Primärbedarf mit Hilfe der im PPS–System gespeicherten Erzeugnisstrukturdaten genau diejenigen Mengen an untergeordneten Teilen T ab, die zur Herstellung eines Produkts P (Primärbedarf) notwendig sind.

Dadurch lassen sich die Materialkosten von P eindeutig errechnen.

Um den Mengenbedarf an einem bestimmten Teil T für das Produkt P zu ermitteln, wird anhand der Erzeugnisstruktur von P ausgehend von T (Blatt oder Teilbaum) der Pfad zu P (Wurzel) hin durchlaufen und dabei alle Mengenfaktoren miteinander multipliziert. Dies ergibt einen Teilmengenbedarf.

Für jedes T in der Erzeugnisstruktur wird dies wiederholt, um schließlich durch Aufsummieren aller Teilmengenbedarfe zum Ergebnis zu gelangen.

Möchte man feststellen, wo und wie oft T in sämtlichen Produkten des Unternehmens vorkommt, so ist die eben beschriebene Vorgehensweise bei allen Erzeugnissen anzuwenden, in denen T enthalten ist.

2.2.6 Durchlaufterminierung

Nun wird der zeitliche Aspekt des Fertigungsauftrags behandelt.

Weil die Durchlaufterminierung eine zentrale Rolle in jedem PPS–System (und wie in den kommenden Ansätzen erläutert, für OMEGA umso mehr) spielt, wird in diesem Abschnitt auf das Thema Zeitwirtschaft gründlich eingegangen.

Die Aufgabe der Durchlaufterminierung ist es, die Arbeitsgänge der Fertigungsaufträge — und damit auch die Fertigungsaufträge selbst — mit konkreten Start- und Endterminen zu versehen.

---

[6]Die Materialdisposition wird im Abschnitt 2.2.9 auf Seite 48 ansatzweise erläutert.

Die Durchlaufterminierung verfolgt u.a. folgende Ziele (vgl. [SIE89b, S. 4–27]):

- bestmögliche Einhaltung der durch die Produktionsplanung bzw. Kundenwünsche vorgegebenen Endtermine (Liefertreue)

- geringe Durchlaufzeiten

- rechtzeitiges Erkennen von Über- und Unterlastungen

- genaue Terminkontrolle

- geringe Zwischenlager- bzw. Warteschlangenbestände und damit geringe Kapitalbindung

In der Fachliteratur (zum Beispiel [Kur95] und [Gla91]) wird für die Bearbeitung des Kundenangebots und der Kundenauftragsbestätigung eine Grobterminierung empfohlen, die einzelne Fertigungsaufträge — und eventuell auch seine Arbeitsgänge — mit vorläufigen Terminen versieht; die Arbeitsgänge werden dann in aller Regel zu ihrer Bearbeitung Arbeitsplatzgruppen zugeordnet, *ohne* die an diesen verfügbaren produktiven Kapazitäten in den Überlegungen zu berücksichtigen.

Das ist das sogenannte Prinzip der „leeren Werkstatt".

Die Begründung für diese Vorgehensweise ist einleuchtend — bis zum Fertigungsbeginn sind es noch mehrere Wochen, wenn nicht Monate, und die Kapazitätssituation zum Zeitpunkt der Angebotserstellung kann sich bis dahin dramatisch verändern. Und schließlich arbeitet man sowieso nur mit Plandaten, die ohnehin Unsicherheiten beinhalten, weil sie Durchschnittswerte darstellen.

Der dadurch ermittelte Start- bzw. Endtermin für den Gesamt–Fertigungsauftrag ist dementsprechend unsicher und wie schon erwähnt vorläufig, weil mögliche Kapazitätsengpässe, die erst später berücksichtigt werden, Terminänderungen erzwingen können.

Die Kapazitätssituation wird erst in einem zweiten Schritt — im Zuge der Kapazitätsplanung — in die Überlegungen eingebracht. Eventuell eintretende Kapazitätsunstimmigkeiten werden in einem von der Durchlaufterminierung absolut unabhängigen, zeitlich späteren Schritt beseitigt.

Und schließlich wird in einer dritten Stufe — in der sogenannten Feinterminierung — jeder Arbeitsgang genauer terminiert, auf die einzelnen Arbeitsplätze eingelastet, an denen er ausgeführt wird (bisher hatte man nur mit Arbeitsplatzgruppen gearbeitet) und dabei anhand vordefinierter Prioritätsregeln eine genaue Reihenfolge bestimmt, in der die Fertigungsaufträge die Werkstatt durchzulaufen haben.

Die funktionale Trennung von Durchlaufterminierung und Kapazitätsplanung erscheint sinnvoll, denn sie verfolgen verschiedene Ziele; dagegen stößt ihre zeitliche Trennung auf Befremdung, denn »die Terminplanung und die Kapazitätsplanung stehen in enger Beziehung zueinander. Wenn Produktionstermine festgelegt werden, ist damit gleichzeitig unterstellt, daß die Fertigungsanlagen zu den vorgesehenen Terminen auch freie Kapazitäten aufweisen, was nicht unbedingt gewährleistet ist. Wenn man umgekehrt bei der Kapazitätsplanung Aufträge verschieben muß, weil Über- oder Unterlastungen in einzelnen Perioden beseitigt werden, so ist damit automatisch ein Eingriff in die Terminstrukturen verbunden. Dennoch ist in der Praxis recht üblich, die beiden Aufgabenbereiche getrennt zu behandeln.« [Kur95, S. 147].

Die Trennung dieser Aufgabenbereiche und die Unterscheidung in Grob- und Feinterminierung haben auch wesentliche Nachteile.

Ein entscheidender Nachteil der skizzierten Vorgehensweisen — der ausführlicher im Abschnitt 2.2.11 auf Seite 55 untersucht wird — ist, daß das Verschieben eines Arbeitsgangs oder Fertigungsauftrags zur Lösung von Kapazitätsinkonsistenzen in vielen Fällen die vorgegebene Reihenfolge der Aufträge innerhalb der gesamten Fertigungsauftragsstruktur verändert, was zu einem ungültigen Auftragsnetz führt. Dies hat wiederum andere Verschiebungen zur Folge, so daß sehr schnell ein unvorhersehbarer Aufwand mit der ganzen Aktion verbunden sein kann.

Im Zuge der Diplomarbeit wurde zur Lösung dieser Problematik für OMEGA einen nicht so starren Ansatz entworfen, der dem Benutzer flexible Werkzeuge in die Hand gibt, die er nach Belieben anwenden und kombinieren kann, um die verschiedenartige Fachaufgaben, die im beruflichen Alltag anfallen, effizient zu lösen.

Die hier vorgeschlagene Lösung wird natürlich nicht in der Lage sein, sämtliche Nachteile aus der Welt zu schaffen, sie stellt aber ein akzeptabler Schritt in die richtige Richtung dar.

Es handelt sich um die Konzeption von zwei voneinander unabhängigen Teilmodulen, die jeweils die Terminierung (mit allen Möglichkeiten, aber ohne Berücksichtigung der Kapazitätssituation) und die Kapazitätsplanung implementieren.

Diese sollen aber aufeinander abgestimmt sein, sehr eng miteinander arbeiten und ineinander greifen, um z.B. die Ergebnisse des anderen Moduls weiterverarbeiten zu können. Auch verschiedene Aggregationsstufen sind vorgesehen, um beispielsweise bei der Durchlaufterminierung auf Arbeitsplatzgruppen- oder Arbeitsplatzebene arbeiten zu können.

Eine erste Version des Konzepts des Teilmoduls für die Durchlaufterminierung wird weiter unten in diesem Abschnitt, ein erster Entwurf der Spezifikation des Moduls für die Kapazitätsplanung im Abschnitt 2.2.11 auf Seite 52 ausführlich beschrieben.

Die Arbeitsweise dieser Implementierungen wird sehr stark durch Customizings- bzw. Steuerparameter geregelt sein, um flexibel genug arbeiten zu können und um sowohl eine Dialog- als auch eine Stapelverarbeitung zu erlauben.

Diese Teilmodule sollen auch seitens des Datenmodells Unterstützung finden.

So wurden zum Beispiel bei dem Entwurf der Stammarbeitsgänge auch Arbeitsfolgen definiert, die die selbe Struktur wie die Arbeitsplanpositionen haben und Arbeitsgänge zu einer Folge gruppieren.[7] Somit kann im Teilmodul für die Durchlaufterminierung ein Steuerparameter angeben, ob für die Berechnungen die Durchlaufzeiten der einzelnen Arbeitsgänge (für ein genaueres Ergebnis) oder der Arbeitsfolgen (für eine schnellere Abwicklung) verwendet werden sollen.

Aus den selben Abstraktions- und Performancegründen wurden Arbeitsplatz und Arbeitsplatzgruppe mit der selben Struktur entworfen.[8]

Durch den gerade beschriebenen Aufbau der Durchlaufterminierung und der Kapazitätsplanung, und durch den wohlüberlegten Entwurf des zugrundeliegenden Datenmodells ergibt sich eine sehr flexible Konstellation von PPS–Funktionalitäten, die durch effiziente Wiederverwendung dem Disponenten die Arbeit in den verschiedenen Gebieten der Produktionsplanung und -steuerung wesentlich erleichtern.

Die Durchlaufterminierung erledigt also wahlweise, je nach Benutzerwunsch, folgende Aufgaben:

- Terminierung auf Arbeitsfolgen- oder Arbeitsgangebene

- Belegung einer Arbeitsplatzgruppe oder eines Arbeitsplatzes durch eine Arbeitsfolge oder einen Arbeitsgang (sämtliche Möglichkeiten)

- Planung der Auftragsreihenfolge

Sie arbeitet tagesgenau und nimmt keine Rücksicht auf die aktuelle Kapazitätssituation in der Fertigung, denn sie hat allein die Aufgabe, Termine festzulegen.[9]

Eine stunden- oder sogar minutengenaue Terminierung ist in Anbetracht der Eigenschaften der Zielgruppe dieses PPS–Systems nicht notwendig. Die Praxis zeigt, daß der Disponent bei solchen Betrieben in der Regel mehrere Fertigungsaufträge für einen bestimmten Tag einlastet und diese erst kurzfristig (oft zu Beginn des festgelegten Tages) anhand eigener oder vorgegebener Prioritätsregeln für die Bearbeitung auswählt.

Voraussetzung für die Durchführung einer Durchlaufterminierung ist das Vorhandensein eines Fertigungsauftrags, der dazu gehörigen Fertigungsstückliste des Erzeugnisses, das gefertigt werden soll und/oder des ihr zugeordneten Fertigungsarbeitsplans.

---

[7]Der Arbeitsgang wird im Abschnitt 2.2.1 auf Seite 20 gründlich beschrieben.
[8]Der Arbeitsplatz wird im Abschnitt 2.2.1 auf Seite 21 ausführlich erläutert.
[9]Die Berücksichtigung der fertigungsspezifischen Kapazitätsdaten findet im Zuge der Kapazitätsplanung im Abschnitt 2.2.11 auf Seite 52 statt.

Die Durchlaufterminierung bestimmt die Durchlaufzeit eines Arbeitsgangs mit Hilfe der in den Arbeitsgangstammdaten gespeicherten Übergangs-, Rüst- und Bearbeitungszeiten.

Die Rüstzeit impliziert eine Angabe pro Los, die Bearbeitungszeit pro Stück, d.h. sie muß zuerst mit der Losgröße des Fertigungsauftrags multipliziert werden, um den Wert zu bestimmen, der für den ganzen Auftrag gilt; in der ersten Version des PPS–Moduls wird angenommen, daß die Übergangszeit losgrößenunabhängig ist.

Die Durchlaufzeit ZDL eines Arbeitsgangs wird dann wie im Anhang A auf Seite 103 beschrieben berechnet.

Die Durchlaufzeit eines Fertigungsauftrags ergibt sich dann aus der Summe der Durchlaufzeiten aller Arbeitsgänge des kritischen Pfades im Arbeitsplan, der der Stückliste des Artikels zugeordnet ist, den dieser Auftrag fertigt. Der kritische Pfad ist bei parallelen Arbeitsgängen eines Arbeitsplans die Folge von Arbeitsgängen, die die längste Durchlaufzeit darstellt.

Sind zu einem Fertigungsauftrag Vorgriffs- und/oder Sicherheitszeit definiert, so werden diese der Fertigungsauftragsdurchlaufzeit dazu addiert.

Die Durchlaufterminierung durchwandert zur Festlegung der gesuchten Termine die Fertigungsauftragsstruktur und ermittelt Fertigungsauftragsdurchlaufzeiten.

Bei einer Durchlaufterminierung lassen sich grundsätzlich zwei Vorgehensweisen unterscheiden:

- Rückwärtsterminierung
  Ermittelt den gesuchten Starttermin des Fertigungsauftrags anhand des gewünschten Endtermins, in der Regel der durch die Materialdisposition vorgegebenen Bedarfstermin des Endprodukts P.

- Vorwärtsterminierung
  Ermittelt den gesuchten Endtermin des Fertigungsauftrags anhand des gewünschten Starttermins.

Bei der *Rückwärtsterminierung* beginnt die Wanderung durch die Fertigungsauftragsstruktur — wie in Abbildung 2.4 auf der nächsten Seite zu sehen ist — mit dem Endtermin des Fertigungsauftrags auf der höchsten Fertigungsstufe der Erzeugnisstruktur.

Die Durchlaufzeiten der Arbeitsgänge dieses Auftrags werden, unter Beibehaltung der Arbeitsplanpositionsstruktur, rückwärtsschreitend aneinandergereiht. Das heißt bei parallelen Arbeitsgängen wird nur der mit der längsten Durchlaufzeit berücksichtigt, damit allein der kritische Pfad terminbestimmend ist.

Daran schließen sich die Durchlaufzeiten der Arbeitsgänge der Fertigungsaufträge in der nächsttieferen Fertigungsstufe an usw., bis die letzte Stufe erreicht ist. Auf diese Art und Weise erhält man ein Netz von Arbeitsgängen und Aufträgen, welches letztlich die Erzeugnisstruktur von

P widerspiegelt. Die Beginnzeit des Arbeitganges, der zeitlich als erstes durchgeführt werden muß, ergibt den gesuchten Starttermin des Fertigungsauftrags.

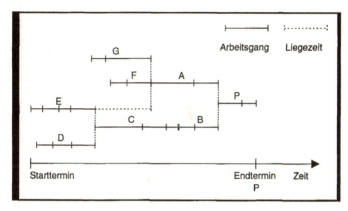

Abbildung 2.4: Fertigungsauftragsnetz von P — Rückwärtsterminierung

Die Abbildung 2.4 nach [Kur95] zeigt das Netz von Fertigungsaufträgen, das sich bei Rückwärtsterminierung des Produkts P aus der in Abbildung 2.1 auf Seite 16 dargestellten Erzeugnisstruktur ergibt. Dabei wird eine vorausgegangene Losbildung in der Materialdisposition vorausgesetzt, die die angedeuteten Liegezeiten zur Folge hat.

Dagegen startet die *Vorwärtsterminierung* mit den Fertigungsaufträgen auf der niedrigsten Fertigungsstufe.

Die Arbeitsgänge dieser Aufträge werden, beginnend mit dem frühest möglichen Starttermin und unter Berücksichtigung der Arbeitsplanpositions- und Fertigungsauftragsstruktur, vorwärtsschreitend aneinandergereiht, anschließend die Arbeitsgänge der Fertigungsaufträge auf der nächsthöheren Stufe etc.

Das Ende der Durchlaufzeit von dem P zugehörenden Fertigungsauftrag stellt den gesuchten Endtermin dar. Hier ist ebenfalls nur der kritische Pfad maßgebend.

Die Abbildung 2.5 auf der nächsten Seite nach [Kur95] bildet nun, um einen Vergleich mit der Rückwärtsterminierung zu ermöglichen, das Fertigungsauftragsnetz ab, das sich bei Vorwärtsterminierung des Produkts P aus der in Abbildung 2.1 auf Seite 16 dargestellten Produktstruktur ergibt. In dieser Grafik wird ebenfalls eine vorausgegangene Losbildung in der Materialdisposition vorausgesetzt.

Die Aneinanderreihung der Arbeitsgänge innerhalb derselben Ferti-

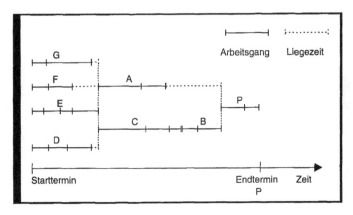

Abbildung 2.5: Fertigungsauftragsnetz von P — Vorwärtsterminierung

gungsstufe erfolgt unter Beibehaltung ihrer Reihenfolge und unter der An-
nahme, daß diese jeweils die im Fertigungsarbeitsplan angegebene Losgröße
haben.

Die Gesamt–Durchlaufzeit des Fertigungsauftrags auf der höchsten Fertigungsstufe ergibt sich in beiden Methoden aus der Summe der Arbeitsgang–
Durchlaufzeiten aller Fertigungsaufträge auf dem kritischen Pfad der Fertigungsauftragsstruktur von P.

An dieser Stelle wird die Flexibilität des Konzepts deutlich.

Möchte der Disponent eine schnelle Durchlaufterminierung nach dem
Prinzip der „leeren Werkstatt" durchführen, um nur den Start- bzw. Endtermin des Fertigungsauftrags von P zu errechnen, so reicht es im Dialog
anzugeben, daß allein die Durchlaufzeit dieses Auftrags berechnet werden
soll; daraus läßt sich schon der gesuchte Termin ermitteln. Das Versehen
von Arbeitsgängen mit Start- und Endterminen sowie die Anwendung von
Maßnahmen zur Durchlaufzeitverkürzung sind hierzu nicht nötig.[10]

Soll dagegen eine Durchlaufterminierung für eine simulierte Einlastung[11]
auf Arbeitsfolgen- und Arbeitsplatzebene erfolgen, so werden zusätzlich zu
den Schritten der oben beschriebenen Durchlaufterminierung auch die Arbeitsfolgen im Arbeitsplan eines jeden Fertigungsauftrags mit Start- und
Endterminen versehen. Die Durchlaufzeiten dieser Arbeitsfolgen können
dann nach Wunsch — evtl. nach einem vorgeschobenen Schritt der Kapa-

---

[10]Die Maßnahmen zur Durchlaufzeitverkürzung sind im Abschnitt 2.2.6 auf Seite 35
beschrieben.
[11]Die simulierte Einlastung wird im Abschnitt 2.2.10 auf Seite 50 im Detail erläutert.

zitätsplanung[12] — in den Belastungskonten der den Arbeitsfolgen zugeordneten Arbeitsplatzgruppen mit der Belastungsart „Reserviert" eingelastet werden oder nicht. Ferner kann der Anwender entscheiden, ob eine Durchlaufzeitreduzierung stattfinden soll oder nicht.

Findet eine Durchlaufterminierung stattdessen im Zuge der fixen Einlastung[13] statt, so wird man den niedrigsten Abstraktionsgrad wählen. Dies bedeutet, daß jeder Arbeitsgang — in aller Regel nach einer Durchlaufzeitverkürzung — genauestens mit Start- und Endtermin behaftet und dem gewünschten Arbeitsplatz zugewiesen wird.

Nach der Durchlaufterminierung erfolgt meist auch eine Kapazitätsplanung, in der Kapazitätsungereimtheiten korrigiert werden. Nachdem die Kapazitätssituation auch stimmt, werden die Arbeitsgängen der richtigen Reihenfolge nach auf die endgültigen Arbeitsplätze mit der Belastungsart „Sollfix" eingelastet.

Es soll sogar möglich sein, die Kapazitätsdifferenzen nicht *nach* der Durchlaufterminierung zu beheben, sondern als effizientere Alternative *während* dessen. Diese Möglichkeit wird im Rahmen der fixen Einlastung näher betrachtet.

In allen aufgeführten Fällen benutzt der Anwender die selben Funktionalitäten, nur die Aggregationsstufen und die Reihenfolge der Ausführung der Teilmodule wird von ihm im Dialog oder durch Verändern der Customizing–Einstellungen gesteuert.

Im Rahmen der Erstellung des Kundenangebots dient die Durchlaufterminierung in den meisten Fällen nur der Ermittlung des frühesten bzw. eines möglichen Liefertermins.

So wäre denkbar, daß ein Anwender im Rahmen der Angebotserstellung ein möglicher Liefertermin mittels der Durchlaufterminierung auf Arbeitsfolgen- und Arbeitsplatzgruppenebene (d.h. ohne exakte Arbeitsplatzwahl) ermittelt. Eine Definition der Arbeitsgangreihenfolge und eine Belegung der Arbeitsplätze würde in diesem Fall nicht stattfinden.

Da, angenommen, bei der Angebotsbearbeitung die Kapazitätssituation zum Zeitpunkt der Fertigung (die durchaus einige Monate in der Zukunft liegen kann) nur unzureichend bekannt ist, findet an dieser Stelle auch keine Kapazitätsplanung statt.

Anhand dieser Vorgehensweise kann der Mitarbeiter sehr schnell — beispielsweise direkt am Telefon — zu einem Ergebnis in Bezug auf den zeitlichen Aspekt des Fertigungsauftrags kommen; die im Rahmen dieser Vorgehensweise ermittelten Termine sind aber ziemlich ungenau und nur vorläufig, weil mögliche Kapazitätsengpässe, die erst später berücksichtigt werden, Terminänderungen erzwingen können.

Mißt aber dagegen der Disponent dem Angebot bzw. dem mit hoher

[12]Die Kapazitätsplanung wird ausführlich im Abschnitt 2.2.11 auf Seite 52 behandelt.
[13]Die fixe Einlastung wird im Abschnitt 2.2.14 auf Seite 59 detailliert beschrieben.

Wahrscheinlichkeit daraus resultierenden Kundenauftrag eine große Bedeutung zu, so kann er einen viel genaueren Liefertermin errechnen, indem
er die Durchlaufterminierung auf Arbeitsgang- und Arbeitsplatzebene mit
Festlegung einer Auftragsreihenfolge durchführt. Anschließend könnte er
bereits zum jetzigen Zeitpunkt Kapazitätsangebot und -nachfrage in der
Fertigung am Tag der Auftragsfreigabe berücksichtigen, eventuell auftretende Kapazitätsüber- und -unterlastungen beseitigen und die terminierten
Arbeitsgänge als Kapazitätsreservierung in den Belastungskonten der benutzten Arbeitsplätze einlasten.

Das entworfene Konzept bietet dem Benutzer — wie die vorigen Beispiele
es deutlich machen — einen großen Spielraum für die Entscheidungsfindung.

Bei einem Pseudo–Fertigungsauftrag wird also in aller Regel eine Durchlaufterminierung entweder vorwärts (wenn der Kunde nach dem frühesten
Liefertermin fragt) oder rückwärts (falls der Kunde den spätesten Liefertermin angibt) vorgenommen. Die Verwendung von Maßnahmen zur Durchlaufzeitverkürzung wird an dieser Stelle von verschiedenen Betrieben mit
unterschiedlicher Wichtigkeit gesehen; eine Berücksichtigung von verfügbaren Kapazitäten erscheint noch nicht notwendig. Die vorhandenen Kapazitäten werden erst später, bei der simulierten und fixen Einlastung, mit
einbezogen.

So kann beispielsweise der frühestmögliche Liefertermin errechnet werden, wenn man sofort oder an einem festgelegten Tag mit dem Fertigungsauftrag beginnen würde und keine Kapazitätsbeschränkungen zu befürchten
sind.

Maßnahmen zur Durchlaufzeitverkürzung

Durch die Aneinanderreihung der Arbeitsgänge in der Durchlauftermininie-
rung ist aber ihre Aufgabe noch nicht zu Ende. In den meisten Fällen kann
die Durchlaufzeit eines Fertigungsauftrags um einiges reduziert werden, um
die Betriebsmittelauslastung zu erhöhen und somit die Fertigungsbestände
zu reduzieren.

Laut [Gla91, S. 148] und [Kur95, S. 153] soll eine Durchlaufzeitverkürzung dann vorgenommen werden, wenn bei einer Rückwärtsterminierung der errechnete Starttermin in der Vergangenheit liegt oder bei einer
Vorwärtsterminierung der vorgesehene Endtermin überschritten wird.

In der Praxis aber gehören Maßnahmen zur Durchlaufzeitreduzierung
zum Alltag. Sie sind der Normalfall und nicht die Ausnahme. Aus diesem
Grund werden sie in dem PPS–Modul als notwendiges Teil der Durchlaufterminierung angesehen und werden mit besonderem Augenmerk betrachtet.

Eine Verkürzung der Durchlaufzeit kann durch folgende Maßnahmen erreicht werden:

1. Übergangszeitreduktion

2. Splittung von Fertigungsaufträgen

3. Überlappung von Arbeitsgängen

Die *Übergangszeitreduktion* ist eine Methode, die dem Disponent die Möglichkeit bietet, mittels eines Parameters die Übergangszeit eines oder mehrerer Arbeitsgängen eines Fertigungsauftrags prozentual zu verringern, um somit die Durchlaufzeit des ganzen Fertigungsauftrags zu verkürzen.

Wenn in der Praxis ein Auftrag an einem bestimmten Arbeitsplatz anderen weniger dringenden Aufträgen vorgezogen wird, indem er als erster in die Warteschlange vor dem Arbeitsplatz eingereiht wird, so kann dies im PPS–System durch Reduktion der Übergangszeit dieses Fertigungsauftrags berücksichtigt werden.

Das PPS–Modul soll eine Übergangszeitreduktion mit dem Parameter REDF für jeweils 0..n Arbeitsgänge eines Fertigungsauftrags ermöglichen.

Der Wert dieses Parameters gibt an, auf wieviel Prozent des ursprünglichen Wertes die Übergangszeit reduziert werden soll. So besagt beispielsweise ein Wert von 0,8 (80%), daß die Übergangszeit des Arbeitsgangs auf 80% des angegebenes Wertes zu verkürzen ist.

Der Defaultwert ist 1 (100%) und entspricht einer Reduktion um 0%, d.h. keine Veränderung der Übergangszeit.

Die Implementierung der Durchlaufterminierung verwendet *immer* diesen Parameter, um durch den Produkt aus Reduktionsfaktor und Arbeitsgang–Durchlaufzeit die endgültige Durchlaufzeit des Arbeitsgangs in diesem konkreten Fertigungsauftrag zu bestimmen.

Eine *Splittung von Fertigungsaufträgen* kann bei großen Aufträgen (Losen) stattfinden, vorausgesetzt mehrere, gleichartige Betriebsmittel stehen zur Bearbeitung des Auftrags zur Verfügung.

Durch Splitten (Aufteilen) des Loses in mehrere Teillose, die dann parallel an verschiedenen Arbeitsplätzen bearbeitet werden, kann die gesamte Durchlaufzeit des Auftrags verkürzt werden.

Die gesamte Rüstzeit wird möglicherweise durch diese Maßnahme jedoch vervielfacht, was zu höheren Kosten führt und der Optimierung der in der Materialdisposition ursprünglich gewählten Losgröße entgegenwirkt.

Nichtsdestotrotz stellt das Splitten von Fertigungsaufträgen eine Alternative zur Durchlaufzeitverkürzung dar, wenn die als Folge einer Terminüberschreitung anfallenden Kosten sehr hoch sind.

Das Splitten eines Loses in drei kleinere Lose ist in der Abbildung 2.6 auf der nächsten Seite nach [Kur95] dargestellt, wo sich die eingesparte Reduktionszeit eindeutig erkennen läßt.

Das Aufteilen von Fertigungsaufträgen wird in der Codierung des PPS–Systems unterstützt, indem der Benutzer auf Wunsch (meist im Laufe der Fertigungssteuerung) aus einem mehrere Fertigungsaufträge erzeugen kann, die gemeinsam die Stückzahl (oder auch nur ein Teil davon) des ursprünglichen Auftrags herstellen. Die Programmlogik muß die neuen Losgrößen in

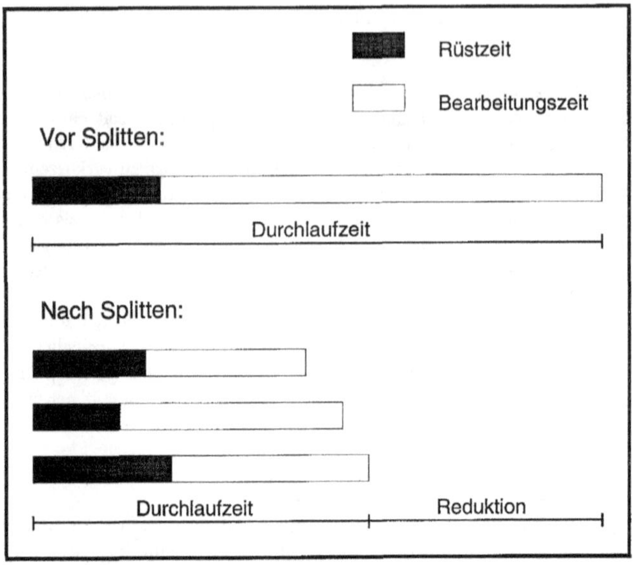

Abbildung 2.6: Durchlaufzeitverkürzung durch Splitten eines Loses

den neu erstellten Splitt–Fertigungsaufträgen eintragen und dafür sorgen, daß der Benutzer beim Splitten zum Beispiel nicht eine größere Gesamt–Losgröße als die zuerst vorhandene eingibt.

Ebenfalls ist der Benutzer an dieser Stelle allein dafür verantwortlich, daß die neuen Splitt–Fertigungsaufträge sinnvolle Werte für Rüst-, Bearbeitungszeit, Reduzierungsfaktor etc. erhalten bzw. ergeben, so daß sich die neuen Aufträge nicht negativ auf die Fertigungssituation auswirken.

Das Datenmodell unterstützt dies dergestalt, daß jeder der neuen Splitt–Fertigungsaufträge 1 Verweis auf den gesplitteten Auftrag speichert, um so die Fertigungsauftragsstruktur aufrecht zu erhalten.

Die letzte Möglichkeit zur Verkürzung der Durchlaufzeit bildet die *Überlappung von Arbeitsgängen*. Um die Gesamtdurchlaufzeit eines Fertigungsauftrags zu verringern, ist es oft möglich, aufeinanderfolgende Arbeitsgänge zu überlappen, d.h. der Folgearbeitsgang kann bereits gestartet werden, wenn eine Teilmenge — die Mindestweitergabemenge WMIN — gefertigt und zum Folgearbeitsplatz transportiert wurde.

Die Abbildung 2.7 auf der nächsten Seite nach [Kur95] zeigt eine dreifache Überlappung, in der die erzielte Durchlaufzeitreduzierung erkennbar

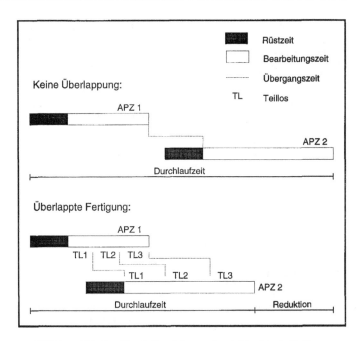

Abbildung 2.7: Durchlaufzeitverkürzung durch überlappte Fertigung

ist.

Genauso wie beim Splitten von Fertigungsaufträgen steigt hier der dispositive und administrative Aufwand, weil zusätzliche Strukturen zur Verwaltung und zur Kontrolle dieser Maßnahmen im System vorhanden sein müssen; die Transportzeiten und damit die -kosten erhöhen sich ebenfalls.

Die Überlappung von Arbeitsgängen eines Fertigungsauftrags ist aus diesem Grund nur sinnvoll, wenn der Vorgänger- *und* der Nachfolger–Arbeitsgang bestimmte Voraussetzungen erfüllen, z.B. daß die Losgröße ausreichend groß ist.

Dem zufolge wird die Überlappung von Arbeitsgängen im PPS–System durch den Parameter WMIN berücksichtigt, der Bezug auf den Vorgänger- und den Nachfolger–Arbeitsgang nimmt. Dieser Parameter gibt für ein konkretes Paar von Vorgänger/Nachfolger–Arbeitsgängen die Mindestmenge an, die als Teillos an den Folgearbeitsplatz weitergegeben werden darf.

Entscheidet sich der Benutzer für eine Überlappung von Arbeitsgängen im Zuge einer Durchlaufterminierung, einer simulierten oder einer fixen Einlastung, so muß er entsprechende Mindestweitergabemengen für die in Frage kommenden Arbeitsgang-Paare im voraus definieren. Die Anwendung berechnet dann den Starttermin des Folgearbeitsgangs so, als ob die Losgröße des Fertigungsauftrags im Vorgänger–Arbeitsplatz nur WMIN betragen würde. Die Implementierung des PPS–Systems nimmt aber in der ersten Version an, daß an dem Folgearbeitsgang keine Warte- oder Stillstandzeiten entstehen, das heißt die Folgemaschine kann ab dem errechneten Starttermin durchgehend das ganze Los (die Gesamtsumme der gebildeten Teillosen) bearbeiten.

Da im allgemeinen die Bearbeitungszeiten bei verschiedenen Arbeitsgängen unterschiedlich sind, können an dem Folgearbeitsplatz Wartezeiten (wenn die Stückbearbeitungszeit an der Folgemaschine größer ist) oder Stillstandzeiten (falls die Stückbearbeitungszeit dagegen kleiner ist) entstehen.

Der Disponent hat dabei die Aufgabe, die gerade eingeführten Parameter zur Durchlaufzeitverkürzung sowie die in den Fertigungsstücklisten und -arbeitsplänen enthaltenen Kontrollwerte einzugeben bzw. zu steuern, so daß er die gewünschten Ergebnisse erzielt.

2.2.7 Vorkalkulation

Die Vorkalkulation behandelt den kostenmäßigen Aspekt des Angebots. Sie kann, zeitlich betrachtet, gleichzeitig mit der Durchlaufterminierung durchgeführt werden — weil manche Daten gemeinsam verwendet werden — oder für sich allein.

Wie in der Einleitung bereits erwähnt, wird eine Kalkulationssystematik entwickelt, die sich durch Flexibilität und allgemeine Einsetzbarkeit auszeichnet, um durchgängig sowohl im PPS–System für die Angebots- und Auftragskalkulation als auch in anderen Unternehmensbereichen beispielsweise für die Einstandspreiskalkulation und die Verkaufspreiskalkulation verwendet werden zu können.

»Die Vorkalkulation besitzt bei Unternehmen mit stark kundenauftragsorientierter Produktion einen anderen Stellenwert als bei Serien- und Massenfertigern, da sie mit wesentlich größerer Unsicherheit behaftet ist und somit auch erhebliche Gefährdungspotentiale für den Unternehmenserfolg birgt. Eine problemadäquate Vorkalkulation kann für einen Auftragsfertiger lebenswichtig sein.« [Kur95, S. 211].

Für die Vorkalkulation bietet sich die weit verbreitete konventionelle Zuschlagskalkulation an, bei der die Gesamtkosten nach Einzel- und Gemeinkosten unterschieden werden.

Sie eignet sich gut für die Bedürfnisse der Zielgruppe dieser Arbeit, denn laut [Woe84, S. 1174] wird sie »angewendet, wenn in einem Betrieb verschiedene Arten von Produkten in mehrstufigen Produktionsabläufen bei unterschiedlicher Kostenverursachung und laufender Veränderung der Lager-

bestände an Halb- und Fertigfabrikaten hergestellt werden, z.B. bei *Serien-
und Einzelfertigung.*«

Die Praxis zeigt aber, daß immer mehr kleine und mittlere Unternehmen
von der reinen Vollkostenrechnung Abstand nehmen und sich hin zu neueren
Kalkulationsmethoden und/oder Mischformen davon entwickeln.

Im Falle von betriebsmittelintensiven Betrieben ist eines der häufigsten
dieser modernen Verfahren die Prozeßkostenrechnung, weil die anfallenden
Maschinenstundensätze von Haus aus dem Prozeßkosten-Gedanken entsprechen; auch für handelsorientierte Unternehmen eignet sich diese Methode.

Die Kalkulation anhand von Prozeßkosten arbeitet — im Gegensatz zur
Zuschlagskalkulation — nicht mit Prozentsätzen sondern mit den festen Ko-
stenbeträgen, die erfahrungsgemäß ein Geschäftsprozeß verursacht.

Um den gewünschten Grad an Flexibilität und Universallität zu erzielen,
wird im Rahmen dieser Arbeit für OMEGA ein Kalkulationsschema entworfen, das dem Anwender die Möglichkeit bietet, sowohl eines der beiden Methoden — Zuschlags- oder Prozeßkostenkalkulation — ganz allein für sich
als auch eine Kombination der beiden in beliebigem Mischgrad gestattet.

Im folgenden werden nun beide Kalkulationsverfahren ansatzweise
erläutert, um anschließend das entworfene Kalkulationsschema vorzustellen.

Zuschlagskalkulation

Bei der Zuschlagskalkulation handelt es sich um das bekannte, in der
betriebswirtschaftlichen Fachliteratur (siehe zum Beispiel [Woe84] und
[Bes92]) oft vorgeschlagenen und in der Abbildung 2.8 auf der nächsten
Seite nach [Kur95] dargestellten Kalkulationsschema.

Materialeinzelkosten entstehen in der Zuschlagskalkulation meist durch
den Verbrauch von Rohstoffen und fremdbezogenen Teilen. Materialgemeinkosten werden durch den Verbrauch von Hilfs- und Betriebsstoffen verursacht.

Einzelkosten der Fertigung sind vor allem die direkt zurechenbaren
Löhne. Die Fertigungsgemeinkosten entstehen durch die nicht direkt zurechenbaren Personalkosten und Abschreibungen. Unter Sondereinzelkosten
der Fertigung werden zum Beispiel die Durchführung von Materialanalysen
oder Lizenzen und Patentengebühren zusammengefaßt.

Zu den Verwaltungsgemeinkosten zählen allgemeine Verwaltungskosten
und zu den Vertriebsgemeinkosten gehören beispielsweise Vertrieblerprovi-
sionen und Versandkosten. Als Sondereinzelkosten des Vertriebs werden
Kosten für Spezialverpackungen, Ausfuhr, Zölle, besondere Transportversi-
cherungen etc. behandelt.

In dem PPS–System sollen alle Daten gespeichert und verwaltet werden,
die für eine effiziente Zuschlagskalkulation notwendig sind.

Zur Berechnung der Materialeinzelkosten eines bestimmten Produktes P
muß zu jedem fremdbezogenen Teil T der Bezugspreis im System hinterlegt

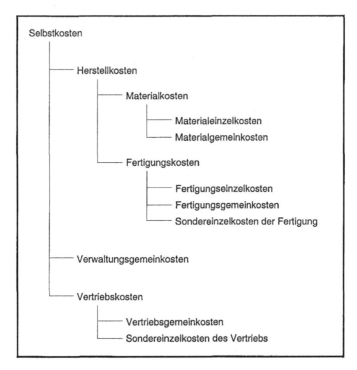

Abbildung 2.8: Kalkulationsschema bei Zuschlagskalkulation

werden. Durch Multiplikation des Bezugspreises mit den Mengeneinheiten, mit denen T in P eingeht, errechnen sich die Materialeinzelkosten von T. Das Aufsummieren dieser Kosten für alle T ergibt schließlich die Materialeinzelkosten vom Endprodukt P.

Die Materialgemeinkosten von P werden mittels eines Zuschlagssatzes bestimmt, der im System gespeichert wird.

Die für die Fertigung des Produktes P anfallenden Fertigungskosten können in einem PPS–System ohne den Umweg über einen Zuschlagskostensatz ermittelt werden, weil alle dafür benötigten Daten im System selber geführt werden können. So lassen sich die Kosten der Fertigung genauer bestimmen als bei prozentualen Zuschlägen. Sogar eine Unterscheidung der Fertigungskosten in betriebsmittel- und personalbezogene ist sinnvoll, um eine bessere, flexiblere Zuordnung der Kosten zu ermöglichen.

Um die betriebsmittelbezogenen Fertigungskosten zu kalkulieren, muß zu jedem Arbeitsgang, der für die Fertigung eines Teils T in P durchgeführt wird, die Bearbeitungszeit pro Arbeitsplatz und pro Mengeneinheit verwaltet werden.

Ebenso muß der Kostensatz (pro Zeiteinheit) eines jeden Betriebsmittels im System abgelegt sein. Durch Multiplikation der Betriebszeiten eines Arbeitsgangs A mit dem Stundensatz des Betriebsmittels B (der in A verwendet wird) werden die Betriebskosten von A ermittelt.

Mit den Rüstkosten wird analog vorgegangen. Zu jedem Arbeitsgang wird die nötige Rüstzeit pro Los, und zu jedem Arbeitsplatz der Rüstkostensatz (Kosten pro Zeiteinheit) gespeichert. Die Rüstkosten werden dann durch Multiplikation von Rüstzeit und Rüstkostensatz berechnet.

Die Summe der Betriebs- und Rüstkosten aller Arbeitsgänge in dem Arbeitsplan vom Produkt P ergibt die gesuchten betriebsmittelbezogenen Fertigungskosten.

Die personalbezogenen Fertigungskosten werden ähnlich behandelt. Die Rüst- und Bearbeitungszeiten der menschlichen Arbeitskraft am Arbeitsplatz sind im PPS–System hinterlegt. Die Kostensätze dieser Arbeitskraft werden ebenfalls im System geführt, so daß die Multiplikation von Kostensatz und Bearbeitungs- plus Rüstzeiten die personalspezifischen Fertigungskosten ergibt.

Nun ergibt die Summe aus betriebsmittel- und personalbezogenen Fertigungskosten die endgültigen Fertigungskosten.

Wird ein Erzeugnis kalkuliert, das aus mehreren Fertigungsstufen besteht, dann müssen die Arbeitspläne für die untergeordneten Teile unter Berücksichtigung der entsprechenden Mengenfaktoren aus der Erzeugnisstruktur herangezogen werden.

Die Herstellkosten können dann als Summe der Material- und Fertigungskosten berechnet werden.

Zum Schluß werden durch Summierung der Herstell-, Verwaltungs- und Vertriebskosten plus den geplanten Gewinn die Selbstkosten ermittelt.

Prozeßorientierte Kalkulation

Die Prozeßkostenkalkulation läßt deutlich einfacher als die Zuschlagskalkulation realisieren.

Die Kalkulation anhand von Prozeßkosten versucht auf einfache Art und Weise nach dem Verursachungsprinzip zu ermitteln, wie hoch die Kosten sind, die ein bestimmter Geschäftsprozeß im Betrieb zur Folge hat.

Laut [SIE80, S. 27] erreicht sie dies, indem sie

- die Gemeinkosten aller Kostenstellen vollständig den dort durchlaufenden Prozessen (Vorgänge) zuordnet,

- die Prozeßkosten über alle daran beteiligten Kostenstellen zusammen-faßt,

- diesen die Prozeßmengen (Anzahl der Bestellungen, Fertigungs-, Kun-denaufträge usw.) als meßbare Leistung gegenüberstellt

- und daraus Prozeßkostensätze ermittelt.

Die Prozeßkostensätze liefern, als Kennzahlen und Beurteilungs-maßstäbe, in der prozeßorientierten Periodenrechnung Rationalisierungs-anstöße. Sie erlauben zudem, als Kalkulationssätze (und Bewertungsmaß-stab), in der prozeßorientierten Kalkulation eine verursachungsgerechtere Kostenzuordnung auf Produkte und Maßnahmen, als traditionenelle Kal-kulationsmethoden.

So würde sich zum Beispiel in dem Einkauf bei jährlich 1.000 Bestel-lungen und Gesamtkosten von DM 50.000 ein prozeßorientierter Kostensatz von 50.000/1.000 = DM 50 pro Bestellung ergeben. Dieser fixe Kostensatz könnte für das nächste Jahr dann in einem Kalkulationsschema als kalkula-torischer Preis einer Bestellung angesetzt werden.

Ebenso können die Rüstkosten für die Bearbeitung eines bestimmten Teils an einem vorgegebenen Arbeitsplatz ermittelt werden, wenn an dem Haupt–Betriebsmittel einigermaßen konstant Lose der gleichen Größe ver-arbeitet werden.

Die Verwendung von fixen Beträgen — richtig eingesetzt — bringt meh-rere Vorteile mit sich. Der Kalkulationsvorgang wird zum Beispiel erheb-lich vereinfacht, weil nicht mehr zum Teil komplexe, voneinander abhängige Berechnungen notwendig sind; dies hat wiederum eine geringere Performan-ceanforderung an das PPS–System und der darunter liegenden Hardware zur Folge.

In vielen Fällen sind die eingesetzten Prozeßkosten mengenunabhängig. Es ist beispielsweise denkbar, ein Kostenbetrag für einen Rüstvorgang an-zusetzen, der von der Losgröße unabhängig ist. Das bedeutet einen großen Vorteil, weil dadurch schon viel früher teilweise kalkuliert werden kön-nen, für die noch keine endgültige Stückliste vorliegt oder für die die keine Materialdisposition stattgefunden hat.

Aus diesem Grund werden in der ersten Version des Vorkalkulationsmo-duls — anders als bei der Zuschlagskalkulation — keine Attribute für Pro-zeßkosteninformation in den Relationen der Arbeitsgänge und Arbeitsplätze vorgesehen. Diese Information wird in dem im nächsten Unterabschnitt be-schriebenen Kalkulationsschema gespeichert.

Das Kalkulationsschema

Das entwickelte Kalkulationsschema ähnelt sehr einer Tabellenkalkulation, wie viele der in den heutigen Tagen für jeden PC als Softwareprodukt verfügbaren Rechenpakete.

Innerhalb einer Tabelle kann der Benutzer entsprechend seinen Anforderungen Zeilen eingeben, die jeweils einen Kalkulationsposten darstellen. In jeder Zeile kann er einen Zuschlagssatz oder einen fixen Prozeßkostensatz angeben; die Tabelle wird dann vom System von oben nach unten verarbeitet und dabei Zwischensummenzeilen erzeugt.

Konkret beinhaltet ein Kalkulationsschema für eine bestimmte Warengruppe folgende Spalten:

1. *Preisliste*
   Durch Eingabe einer Preisliste können zu einer Warengruppe im System hinterlegte Rabatte, Liefer-, Zahlungskonditionen usw. in einem Kalkulationsposten berücksichtigt werden.
   Diese Möglichkeit wird überwiegend zur Preiskalkulation verwendet werden. Die angegebene Preisliste muß bereits in OMEGA vorhanden sein.

2. *Position*
   Identifiziert eine Zeile innerhalb eines Kalkulationsschemas eindeutig.

3. *Titel*
   Informationstext zur Beschreibung der Zeile.

4. *Zuschlagssatz*
   Wird verwendet in einer Zuschlagskalkulation zur Angabe eines Zuschlagssatzes. Ein Kostensatz von 1 entspricht 100%.

5. *Prozeßkostensatz*
   Gestattet für eine prozeßorientierte Kalkulation die Angabe eines fixen Prozeßkostensatzes.

6. *Zeilentyp*
   Gibt an, wie die Zeile bei den Berechnungen behandelt werden soll.
   Folgende Zeilentypen wurden bereits festgelegt, weitere können vom Benutzer neu definiert werden:

   - *B* – Basiszeile
     Dient als Basis für Summen- und Zuschlagsberechnungen.

   - *Z* – Zuschlagszeile
     Soll eine Position für eine Zuschlagskalkulation bzw. Zuschlagsrechnung definiert werden, so wird hierfür eine Zuschlagszeile verwendet. Sie muß dann einen Zuschlagssatz in der entsprechenden Spalte beinhalten und darf keine Angaben in der Spalte der Prozeßkosten enthalten.

   - *A* – Aggregationszeile
     Wird zur Angabe eines Prozeßkostensatzes in einer Prozeßkostenkalkulation angewendet. Sie kann einen Wert in der Spalte Prozeßkostensatz besitzen, dann darf sie keinen Prozentsatz in der

Spalte Zuschlagssatz haben. Enthält sie aber umgekehrt einen
Wert in der Spalte Zuschlagssatz, so muß die Spalte des Prozeßkostensatzes leer sein.
In beiden Fällen hat die Aggregationszeile zur Folge, daß die bis
dahin berechneten Daten aggregiert werden, das heißt eine Zwischensumme gebildet wird. Sie wird dann als Basiszeile für die
ihr folgenden Zeilen verwendet.

- S – Summenzeile
  Dient zur Bildung von Zwischen- und Endsummen und als Basis-
  zeile für die ihr folgenden Zeilen. Die Spalten Zuschlagssatz und
  Prozeßkostensatz müssen bei einer Summenzeile leer sein.

Die Programmlogik ist neben der Berechnung der im Schema explizit
definierten Aktionen auch dafür zuständig. die impliziten Operationen, die
sich hinter einer bestimmten Zeile verbergen, zu speichern und zum richtigen
Zeitpunkt auszuführen. So müs zum Beispiel bei einer mehrstufigen Stückliste die Erzeugnisstruktur durchwandert werden, um unter Berücksichtigung
der Mengenfaktoren die Materialeinzekosten des zu kalkulierenden Produkts
zu ermitteln, falls die in der Stückliste enthaltenen Teile nicht vorher selbst
kalkuliert wurden.
Die Flexibilität des entworfenen Konzepts für das Kalkulationsschema
wird anhand eines Beispiels deutlich.
Werden mehrere Rabattzeilen mit jeweils einem Zuschlagssatz und dem
Positionstyp Z, gefolgt von einer Summenzeile S definiert, so werden alle
verschiedenen Rabatte auf die angegebene Basiszeile angewendet und anschließend die Zwischensumme ermittelt. Dies entspricht einem *Staffelra-
batt.*
Definiert der Anwender stattdessen die selben Rabattzeilen mit den gleichen Zuschlagssätzen, aber diesmal mit dem Positionstyp A, so wird nach
jeder Rabattzeile aggregiert, damit diese der nächsten Zeile als Basiszeile
dient. In diesem Fall erzielt man den manchmal in der Praxis anzutreffen-
den *kumulativen Rabatt.*
Ein ausführliches Beispiel der Definition eines Kalkulationsschemas ist in
der Tabelle 2.1 auf Seite 76 abgebildet, die das Schema eines produzierenden
Betriebs für eine bestimmte Warengruppe darstellt.
In ihr ist zu erkennen, daß sich zum Beispiel die Materialkosten der Zeile
mit der Positionsnummer 10 aus der Summe der Materialgemeinkosten (Zeile
6), der Kosten für Lagerzinsen (Zeile 7), Kosten für Lagerrisiko (Zeile 8)
und Bestellkosten (Zeile 9) ergeben. Dabei werden jeweils die Material-, die
Lagerzins- und die Lagerrisikokosten anhand eines Zuschlagssatzes ermittelt,
die Bestellkosten sind als Prozeßkosten fix angegeben.
Die Fertigungskosten werden nach der gleichen Methode durch Summierung der Rüst-, Bearbeitungs- und Sondereinzelkosten der Fertigung ermittelt, ihre Basiszeile ist die Summenzeile der Materialkosten.

Die Rüstkosten sind in diesem Fall als feste Prozeßkosten angegeben, weil sie für die gesamte Warengruppe einigermaßen konstant sind. Die Sondereinzelkosten der Fertigung sind dagegen als Zuschlagssatz hinterlegt, das heißt sie werden als Prozentsatz der Materialkosten errechnet.

Für die Bearbeitungskosten sind weder einen Zuschlagssatz noch Prozeßkosten hinterlegt, somit muß die Programmlogik die Datenstrukturen des Arbeitsplans und der während der Fertigung eingelasteten Arbeitsplätzen durchwandern, um die Bearbeitungskosten anhand der in den entsprechenden Arbeitsgängen eingetragenen Bearbeitungszeiten und der in den Arbeitsplatzstammdaten gespeicherten Stundensätzen durch Multiplikation zu bestimmen.

Die Herstellkosten können nun aus der Summe von Material- und Fertigungskosten berechnet werden. Auf die gleiche Art und Weise werden die restlichen angegebenen Kosten bestimmt.

Für ein Handelsunternehmen würde sich diese Kalkulationsmethode leicht anpassen lassen, indem die Wertangaben geändert und der Block mit den Fertigungskosten weggelassen wird.

An der Beispieltabelle ist auch zu erkennen, daß der Übergang von einem Block zum nächsten wirklich fließend ist, was für den Anwender ein gut verständliches Verfahren ergibt. So geht es von der Ermittlung des Brutto VK (Produktkalkulation) unmittelbar in die Ermittlung des Netto VK (Kundenpreiskalkulation) über.

In dem angegebenen Beispiel muß die Anwendungslogik zusätzlich zu den Zwischensummen im Kalkulationsschema die Materialkosten der Unterstufen in der Stückliste des Endprodukts und ebenfalls die Fertigungskosten mittels den diesen Unterstufen zugeordneten Arbeitsplänen bestimmen, falls dies nicht zuvor geschehen ist.

Ebenso ist die Programmlogik für das Verwenden der in den Preislisten, im Lieferantenstamm und/oder im Kundenstamm gespeicherten Defaultwerte wie Rabatte, Skonti etc. verantwortlich, falls das entsprechende Feld der Tabelle leer gelassen wurde.

Für eine effiziente Kalkulation im Betrieb sollen im System 0..n Kalkulationsschemata definiert werden können, jeder mit jeweils 1 der oben beschriebenen Spalten und 0..n Zeilen.

Eine Zeile muß 1 eindeutige Positionsnummer haben, die ihre Stelle in der Tabelle angibt; ein bestimmter Zeilentyp darf 0..n Mal in einem Schema vorkommen.

Einer bestimmten Warengruppe können 0..n Kalkulationsschemata zugewiesen werden, ein Kalkulationsschema verweist aber auf 1 Warengruppe.

In einer bestimmten Zeile darf 1 Preisliste angesprochen werden, im gesamten Schema können 0..n Preislisten referenziert werden. Eine Preisliste kann von 0..n Schemazeilen referenziert werden.

Durch den gewählten Aufbau des Kalkulationsschemas wird die gesuchte Flexibilität erreicht. Der Anwender kann anhand dieses Werkzeugs für jeden Unternehmenssektor nach Belieben die für ihn notwendigen Schemata definieren.

Er kann sogar ein globales Kalkulationsschema festlegen, das viele Geschätsprozesse berücksichtigt und abteilungsübergreifend die Aufgaben mehrerer Unternehmensbereiche abdeckt, von der Einstandspreiskalkulation, über die Kalkulation der Herstellkosten bis hin zur Verkaufspreiskalkulation.

Die zugrundegelegte Datenstruktur ist zudem leicht erweiterbar, um in der Zukunft zu erwartende neue Anforderungen aufnehmen zu können.

Ein Nachteil dieser Systematik liegt darin, daß das System und die Anwendungslogik kaum Möglichkeiten haben, semantisch falsche Angaben des Benutzers zu überprüfen. Ob die Zeileninhalten eines konkreten Kalkulationsschemas Sinn machen und die Zeilenreihenfolge in sich stimmig ist, liegt vollständig in der Verantwortung des Benutzers.

2.2.8 Kundenauftrag

Nach der Primärbedarfsauflösung, der ersten Durchlaufterminierung und der Vorkalkulation ist nun der Vertriebsmitarbeiter in der Lage, dem Kunden ein Angebot zu übermitteln.

Als nächster Schritt des Geschäftsprozesses wird jetzt angenommen, daß der Kunde — basierend auf dem erhaltenen Angebot — einen Auftrag erteilt.

Die Workflow–Funktionen von OMEGA erstellen an dieser Stelle aus dem im System vorhandenen Kundenangebot einen Folgeauftrag — einen *Kundenauftrag*.

Dieser ist im Prinzip gleich einem Kundenangebot aufgebaut, enthält aber aktualisierte und konkrete Angaben. Er besitzt zusätzlich noch 1 Verweis auf das Kundenangebot, aus dem er entstanden ist.

Aus den gerade aufgeführten Anforderungen ergibt sich die Notwendigkeit, 0..n Kundenaufträge im System zu speichern, jeder mit 0..n Positionen, die gleich den Positionen des Kundenangebots[14] aufgebaut sind.

Weil der Kundenauftrag, von der logistischen Seite her betrachtet, dem Auftragswesen und nicht der Produktionsplanung und -steuerung zuzuordnen ist, wird dessen Aufbau hier nicht ausführlicher betrachtet.

Die nächsten Unterabschnitte beschäftigen sich mit den notwendigen Vorkehrungen, um dem Kunden eine Auftragsbestätigung zu erstellen — erst diese läßt den Kundenauftrag rechtswirksam werden. Hierzu ist aber eine viel genauere und aufwendigere Vorgehensweise als für das Kundenangebot erforderlich, da der Kundenauftrag nicht immer dem Angebot genau entspricht (kleine Änderungswünsche und/oder andere Produktvarianten sind denkbar).

---

[14]Das Kundenangebot ist im Abschnitt 2.2.4 auf Seite 24 näher erläutert.

Als erstes müssen also die Angaben des Angebots überprüft werden, ob diese noch gültig sind. Das heißt, eine erneute Primärbedarfsauflösung muß vorgenommen werden, um den Mengenbedarf inkl. Änderungswünschen bzw. Produktvarianten zu ermitteln.

Sind keine Änderungen an einem Produkt des Artikelstamms notwendig (d.h. der Kunde bestellt ein Artikel, so wie er in den Stammdaten vorhanden ist), so werden die Stammstückliste und in der Regel auch der Stammarbeitsplan zu diesem Zweck verwendet.

Läßt sich aber auf keine vorhandene Stückliste bzw. auf keinen vorliegenden Arbeitsplan für die Erledigung des Auftrags zurückgreifen, so muß spätestens zu diesem Zeitpunkt — falls im Rahmen der Bearbeitung des Kundenangebots noch nicht geschehen — eine Fertigungsstückliste und/oder einen Fertigungsarbeitsplan angelegt werden. Sämtliche Bearbeitungsschritte, die ab jetzt den angelegten Kundenauftrag begleiten, verwenden diese neu erstellten, auftragsspezifischen Datenstrukturen.

Weiterhin muß eine simulierte Einlastung stattfinden, deren Aufgabe die möglichst genaue Bestimmung des Endtermins des Fertigungsauftrags und die Reservierung (aber nicht die tatsächliche Einlastung) der für die Fertigung notwendigen Kapazitäten ist.

Danach werden die für die Fertigung des Auftrages notwendigen Kapazitäten ermittelt und — falls erforderlich — mit den im Betrieb verfügbaren abgeglichen. Schließlich muß noch geprüft werden, ob das erforderliche Material zum richtigen Zeitpunkt zur Verfügung steht.

Diese Schritte vom Kundenauftrag bis zur Auftragsbestätigung müssen evtl. in einem iterativen Prozeß mehrmals durchlaufen werden, weil sich im Laufe des Geschäftsprozesses Änderungen ergeben können, die von der anderen Geschäftspartei überlegt und bestätigt werden wollen.

Es handelt sich konkret um folgende Schritte:

- Materialdisposition

- Simulierte Einlastung

- Kapazitätsplanung

- Verfügbarkeitsprüfung

2.2.9 Materialdisposition

In der Materialdisposition geht es um den mengenmäßigen Aspekt des Kundenauftrags, das heißt »ausgehend von den aus der Produktionsprogrammplanung vorgegebenen Mengen an Endprodukten und gegebenenfalls Zwischenprodukten [...] müssen die Mengen aller dafür benötigten Baugruppen, Einzelteile, Rohmaterialien, Hilfs- und Betriebsstoffe — der *Sekundärbedarf* — berechnet werden.« [Kur95, S. 124].

Die Materialdisposition wird hier nur kurz beschrieben, weil sie nicht zum Kern dieser Arbeit gehört. Sie stellt aber den Ursprung sämtlicher Fertigungsaufträge dar, wie im folgenden erläutert wird.

Die Ermittlung der Sekundärbedarfsmengen kann mittels zwei grundverschiedenen Vorgehensweisen erfolgen, und zwar die:

- verbrauchsgesteuerte (oder stochastische) und die

- bedarfsgesteuerte (oder deterministische)

Disposition.

Bei der *stochastischen* Disposition werden die in der Zukunft zu erwartenden Sekundärbedarfe anhand des in der Vergangenheit tatsächlich stattgefundenen Materialverbrauchs prognostisiert bzw. geschätzt. Dieser Weg ist nicht sehr aufwendig, dafür aber mit Ungenauigkeiten verbunden.

In der *deterministischen* Disposition werden die zukünftigen Sekundärbedarfe dagegen durch Zuhilfenahme und Auflösung der Stücklisten des Primärbedarfs exakt berechnet.

Dieser Ansatz ist deutlich genauer als der erste und erfordert mehr Verwaltungsaufwand seitens des Systems. Dies ist die sogenannte *Primärbedarfsauflösung*[15] und entspricht der in der Fachliteratur bekannten Bruttobedarfsermittlung (vgl. [Kur95, S. 134f] und [Gla91, S. 46ff]).

Die Entscheidung darüber, ob eine Materialart verbrauchs- oder bedarfsgesteuert zu disponieren ist, sollte als Ergebnis einer vorgeschalteten ABC–Analyse resultieren.

Aus dem Gesamt–Sekundärbedarf werden Lose gleichartiger Teile gebildet, die entweder fremdgekauft oder als Fertigungsauftrag an die eigene Fertigung gegeben werden. Dabei werden anhand der Plandurchlaufzeiten und der Erzeugnisstruktur Planstart- und -endtermine für diese Aufträge ermittelt.

Die Losgröße eines Fertigungsauftrags wird dabei so gewählt, daß es ein Optimum zwischen niedrigem Bestand an fertigen und unfertigen Erzeugnissen und hoher Kapazitätsauslastung ergibt.

So entstehen aus dem Kundenauftrag und/oder Kundenauftragspositionen **1..n** Fertigungsaufträge, und zwar pro festgelegtes Los 1 Fertigungsauftrag, der im System als weiterer Belegtyp verwaltet wird und Bestandteil eines Belegsnetzes ist.

Ein Beispiel soll die Entstehung eines Fertigungsauftrags deutlich machen. Ein Fahrradhersteller erhält einen Kundenauftrag mit zwei Positionen; bei der ersten handelt es sich um 10 Herren–Fahrräder, bei der zweiten um 15 Damen–Fahrräder.

Im Rahmen der Materialdisposition entscheidet der Disponent den Fremdkauf von 25 Klingeln, 25 Schaltungen, 25 Bremseinrichtungen und

---

[15]Die Primärbedarfsauflösung wird im Abschnitt 2.2.5 auf Seite 27 genauer betrachtet.

25 Mal das restliche Kleinmaterial, weil dies nicht selbst vom Unternehmen gefertigt wird und für beide Fahrradmodelle (Damen und Herren) exakt die gleichen Teile sind. Daraus entsteht ein Belegstyp „Bestellung" mit mehreren Positionen.

In der eigenen Fertigung werden nur die 25 Sättel (die selben für Damen- und Herren–Fahrräder), die 15 Damen–Rahmen und die 10 Herren–Rahmen (verschieden für Damen und Herren) hergestellt und schließlich die Fahrräder montiert.

Für jedes dieser Teile bzw. Vorgänge werden Lose gebildet und Fertigungsaufträge mit der ermittelten Losgröße erstellt; sie ergeben neue Belege, die auf die ursprüngliche Kundenauftragsposition mit Angabe einer Losgröße verweisen. Nur so kann jederzeit trotz Losbildung herausgefunden werden, welche Teile und halbfertige Erzeugnisse in der Fertigung aus welchem Auftrag stammen.

Das System muß also 0..n Fertigungsaufträge aufnehmen können; ein Fertigungsauftrag hat 1..n Verweise auf einen Kundenauftrag oder eine Kundenauftragsposition mit der Teilmenge, die er aus diesem Auftrag bzw. Position fertigt. Ansonsten besitzt ein Fertigungsauftrag die selben Eigenschaften wie ein Pseudo–Fertigungsauftrag.[16].

Der Arbeitsplan zur Erledigung dieses Fertigungsauftrags ist bereits oder wird spätestens zum jetzigen Zeitpunkt der dem Auftrag zugewiesenen Stückliste zugeordnet.

2.2.10 Simulierte Einlastung

Nun ist es an der Zeit, genaue Start- und Endtermine des Fertigungsauftrags und seiner Arbeitsgänge unter Berücksichtigung der noch in der Fertigung vorhandenen freien Kapazitäten zu bestimmen. Gibt es erhebliche Unstimmigkeiten zwischen Kapazitätsbedarf und -angebot, so ist zum Schluß noch ein Kapazitätsabgleich notwendig.

Falls nötig, wird aber zuerst an dieser Stelle nochmals der Primärbedarf (wie bereits im Abschnitt 2.2.5 auf Seite 27 erläutert) unter Berücksichtigung der während der Erstellung des Kundenangebots bzw. vom Kunden vorgenommenen Änderungen aufgelöst; dieser hätte sich in der Zwischenzeit bis zur Erteilung des Kundenauftrags ändern können.

Da der Fertigungsauftrag noch nicht endgültig in die Fertigung übergeben werden soll — es soll zunächst nur ein Bild über die Kapazitätssituation des Betriebes mit Einbeziehung des neuen Auftrags erstellt und eventuell Kapazitäten reserviert werden —, wird der Fertigungsauftrag erst einmal *simuliert* eingelastet, das heißt ohne die Belastungskonten der entsprechenden Arbeitsplätze wirklich zu belasten (erst die fixe Einlastung[17] geht diesen

---

[16]Der Pseudo–Fertigungsauftrag ist im Abschnitt 2.2.4 auf Seite 25 im Detail beschrieben.

[17]Die fixe Einlastung wird im Abschnitt 2.2.14 auf Seite 59 behandelt.

Schritt).

Um diese Konten tatsächlich nicht zu beeinflüssen, werden die Arbeitsgänge des simuliert einzulastenden Fertigungsauftrag mit dem Zustand „reserviert" eingelastet. Der Benutzer hat aber auch die Möglichkeit, gar keine Arbeitsstunden in den Belastungskonten einzulasten; in diesem Fall findet nur eine detaillierte Durchlaufterminierung unter Berücksichtigung der Kapazitätssituation statt.

Dies ist auch der einzige Unterschied zwischen der simulierten und der fixen Einlastung; erstere reserviert nur die Kapazitäten an den Arbeitsplätzen, damit Fertigungsaufträge, die mit einer einigermaßen hohen Wahrscheinlichkeit in Zukunft gefertigt werden, bereits zu einem früheren Zeitpunkt in den Planungsmaßnahmen berücksichtigt werden können.

Letztere lastet einen vorgegebenen Fertigungsauftrag zu einem bestimmten Termin mehr oder weniger endgültig (Terminverschienungen sind trotzdem jederzeit noch möglich) ein.

Die simulierte Einlastung besteht aus folgenden drei Schritten:

1. *Durchlaufterminierung*
   Wird durchgeführt, um die genauen Start- und Endtermine des Fertigungsauftrags und aller seiner Arbeitsgänge festzulegen.

2. *Ermittlung des Kapazitätsbedarfes*
   Es wird für jeden Arbeitsplatz die Zeit ermittelt, die an jedem Betriebskalendertag ein bestimmter Arbeitsgang des Fertigungsauftrags diesen Arbeitsplatz in Anspruch nimmt. So entsteht täglich für jeden Arbeitsplatz im Betrieb ein Kapazitätsbedarf, dem das gleichmäßige Kapazitätsangebot dieses Arbeitsplatzes entgegensteht.

3. *Kapazitätsabgleich*
   Divergieren Kapazitätsbedarf und -angebot an einem bestimmten Arbeitsplatz in einem nicht annehmbaren Maße, so sind Maßnahmen notwendig, um diese aufeinander abzustimmen und die Kapazitätsquerschnitte aller Arbeitsplätze zu harmonisieren.

Der Punkt 1 wurde bereits weiter oben in diesem Kapitel ausführlich behandelt.[18] An dieser Stelle werden die Möglichkeiten erörtert, die der Benutzer im allgemeinen bei der Bearbeitung der Kundenauftragsbestätigung hat.

Da meistens im Rahmen der Auftragsbestätigung dem Kunden der bereits im Angebot mitgeteilte Fertigstellungstermin bestätigt bzw. korrigiert werden soll, erscheint hier sinnvoll, ausgehend von diesem Endtermin erneut rückwärts zu terminieren, um den gesuchten Starttermin des Fertigungsauftrags zu errechnen.

---

[18]Die Durchlaufterminierung wird im Abschnitt 2.2.6 auf Seite 27 erläutert.

Nur in den Fällen, in denen der ermittelte Starttermin in der Vergangenheit liegt, ist es erforderlich, vorwärts zu terminieren, um zum frühestmöglichen Liefertermin zu gelangen.

Der Benutzer kann weiterhin selber entscheiden, ob er an dieser Stelle auf Arbeitsplatz- (eigentlich die Regel) oder Arbeitsplatzgruppenebene terminieren möchte.

Beim Schreiben der Bearbeitungsstunden in das Belastungskonto wird durch die Anwendungslogik beachtet, daß der dem Arbeitsplatz zugeordnete maximale Einlastungsprozentsatz nicht überschritten wird. Zu diesem Zweck wird der MAXEPS einer Arbeitsplatzgruppe sinnvollerweise als Summe sämtlicher maximaler Einlastungsprozentsätze der in ihr enthaltenen Arbeitsplätze definiert bzw. von der Programmlogik errechnet.

Ebenfalls wird bei der Einlastung auf eine Arbeitsplatzgruppe und der darauf folgenden Verteilung des eingelasteten Arbeitsvorrats auf die Arbeitsplätze der Gruppe der minimale Einlastungsprozentsatz berücksichtigt.[19]

Ebenfalls erscheint bereits zu diesem Augenblick sinnvoll, auf Arbeitsgang- und nicht mehr auf Arbeitsfolgenebene zu terminieren.

Die Punkte 2 und 3 werden aus Gründen der Übersichtlichkeit, und weil die zugehörigen Themenbereiche ausführlich genug sind, in dem nächsten Abschnitt gesondert erläutert.

Um flexibel bei der Planung zu bleiben, können Fertigungsaufträge jederzeit aus- bzw. umgelastet werden, d.h. sie sollen vom Benutzer auf Wunsch vor- oder nachverschoben werden können. Dies ist vor allem notwendig, wenn zum Beispiel eine Maschine außer Betrieb geht oder ein Fertigungsauftrag mit hoher Priorität einen anderen verdrängt.

Zu diesem Zweck ist in der Regel eine komplett neue simulierte Einlastung erforderlich.

2.2.11 Kapazitätsplanung

Die Festlegung der Fertigungstermine im Zuge der Durchlaufterminierung[20] ist zunächst ohne Berücksichtigung der in der Fertigung verfügbaren Kapazitäten erfolgt.

Das Ergebnis dieser Terminierung führt jedoch zu einer ganz konkreten Kapazitätsbelastung — dem sogenannten *Kapazitätsbedarf* — der Arbeitsplätze. Steht diese festgelegte Kapazitätsbelastung nicht mit der am Arbeitsplatz tatsächlich noch vorhandenen Kapazität — dem *Kapazitätsangebot* — im Einklang, dann werden weitere Anpassungsmaßnahmen erforderlich; dies ist die Aufgabe der Kapazitätsplanung.

---

[19]Maximaler und minimaler Einlastungsprozentsatz sind im Anhang A auf Seite 103 genauer beschrieben.

[20]Die Durchlaufterminierung wird im Abschnitt 2.2.6 auf Seite 27 beschrieben.

Durch die Gegenüberstellung von Kapazitätsbedarf und -angebot und durch den Kapazitätsabgleich werden u.a. folgende Ziele erreicht:

- Berücksichtigung der Kapazitätsobergrenzen von Arbeitsplätzen und Arbeitsplatzgruppen

- hohe Auslastung der Betriebsmittel

- kürzere Durchlaufzeiten

- zahlreiche Auswertungsmöglichkeiten zur Erhöhung der Transparenz der Kapazitätsplanung

Ermittlung der Kapazitätsbedarfe

Der erste Schritt besteht also in der Ermittlung der Kapazitätsbedarfe.

Dazu müssen für einen bestimmten Arbeitsplatz die Arbeitsgänge aller sich in der Fertigung befindlichen Fertigungsaufträge, die auf diesem Arbeitsplatz verrichtet werden, über die Zeit betrachtet werden, um ein Kapazitätsbelastungsprofil zu erstellen. Diese Vorgehensweise wird dann für jeden beliebigen Arbeitsplatz wiederholt, um einen Überblick über die Kapazitätssituation in der Fertigung zu erhalten, z.B. Unterbeschäftigung, Engpässe an einem bestimmten Arbeitsplatz etc.

Die Abbildung 2.9 auf der nächsten Seite zeigt beispielhaft ein Belastungsprofil, in dem die Belegungszeiten verschiedener Arbeitsgänge (Kapazitätsbedarf) und die Einlastungsprozentsätze MAXEPS (Kapazitätsangebot) und MINEPS sowie die entsprechende Toleranzgrenze aufgetragen sind. Die zuletzt genannten Parameter werden weiter unten in diesem Abschnitt erläutert.

Zum Zweck der Kapazitätsermittlung wird jedem Arbeitsplatz im System 1 Belastungskonto zugewiesen, in dem pro Fertigungstag die Summe der an diesem Arbeitsplatz anfallenden Belegungszeiten sämtlicher in der Vergangenheit simuliert und fix eingelasteter Fertigungsaufträge tagegenau kumuliert mitgeführt wird.

Nur die Belegungszeit — errechnet wie im Anhang A auf Seite 103 definiert — und nicht die Durchlaufzeit wird in dem Konto gespeichert, weil die Übergangszeit (die Summe aus Transport- und Wartezeit, die in der Durchlaufzeit enthalten ist) den Arbeitsplatz an sich nicht „belegt", sondern vor der Belegung verstreicht.

Es wäre möglich, sich diese Datenstruktur für das Belastungskonto im System zu sparen, indem die benötigten Daten aus den (Pseudo-)Fertigungsaufträgen, Arbeitsplänen etc. herausgesucht werden, doch das würde einen viel größeren Verwaltungsaufwand des PPS–Systems und dadurch Leistungseinbußen bedeuten.

Es können also 0..n Belastungskonten im System definiert werden; jedes Belastungskonto muß 1 Arbeitsplatz zugeordnet werden. Pro Arbeitsplatz

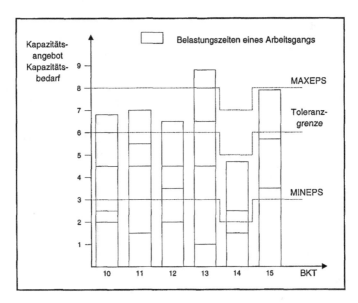

Abbildung 2.9: Belastungsprofil eines Arbeitsplatzes

und Betriebskalendertag speichert ein Belastungskonto $0..n$ Arbeitsgängen mit jeweils 1 dazugehörige Fertigungsauftragsnummer (als Verweis auf den Auftrag, der den Arbeitsgang durchführt), 1 Belastungszeit, als Dauer der Belegung des Arbeitsplatzes durch den Arbeitsgang und 1 Belastungsart.

Ein Arbeitsgang kann dabei $0..n$ Mal an einem einzigen Tag im Konto vorhanden sein, beispielsweise wenn zwei verschiedene Fertigungsaufträge an einem Tag den selben Arbeitsgang am selben Arbeitsplatz verrichten.

Als Belastungsart kommen für die Fertigungsplanung folgende Werte in Frage: Reserviert und Sollfix.

Die Art *Reserviert* wird bei der simulierten und *Sollfix* bei der fixen Einlastung verwendet; der Präfix „Soll" deutet dabei darauf hin, daß es sich um Belegungszeiten für Planungszwecke handelt.

Für die Zukunft sind weitere Belastungsarten denkbar, beispielsweise können während der Durchführung des Fertigungsauftrags — im Rahmen der Fertigungssteuerung — die Istzeiten des Fertigungsprozesses mittels Betriebsdatenerfassung erfaßt und als *Istfix* gespeichert werden, um später im Rahmen einer Mit- und Nachkalkulation Berücksichtigung zu finden.

Die Belegungszeiten sämtlicher Arbeitsgänge des nun simuliert einzulastenden Fertigungsauftrags werden ebenfalls in die vorhandenen Belastungs-

konten der Arbeitsplätze, die von diesem Auftrag in Anspruch genommen
werden, eingegeben, um den sich neu ergebenden Kapazitätsbedarf zu ermitteln.

Kapazitätsabgleich

Wird schließlich festgestellt, daß in bestimmten Teilperioden Kapazitätsangebot und -bedarf an einem bestimmten Arbeitspatz voneinander stärker als
zugelassen abweichen, dann muß ein *Kapazitätsabgleich* stattfinden.

Unter Kapazitätsabgleich versteht man demnach die Beseitigung von
Ungleichgewichten zwischen Kapazitätsnachfrage und Kapazitätsangebot.

Das Kapazitätsangebot läßt sich durch den im Arbeitsplatzstamm zum
in Frage kommenden Arbeitsplatz deklarierten maximalen Einlastungsprozentsatz MAXEPS berechnen.

Die zu dem Arbeitsplatz im Schichtmodell angegebene Tageskapazität,
multipliziert mit MAXEPS (als Dezimalzahl und nicht als Prozentwert) ergibt das gesuchte Kapazitätsangebot (in Stunden), das heißt die maximale
Menge an Arbeitsstunden, die für einen bestimmten Tag bzw. eine bestimmte Periode auf den Arbeitsplatz eingelastet werden kann.

Der Kapazitätsbedarf (in Stunden) läßt sich aus der Summe aller im
Belastungskonto dieses Arbeitsplatzes für einen bestimmten Tag bzw. eine
bestimmte Periode eingelasteten Arbeitsgang–Belegungszeiten errechnen.

Um eine eventuelle Abweichung feststellen zu können, wird im System
pro Arbeitsplatz 1 Parameter „Toleranzgrenze" definiert, der prozentual angibt, wie viel die beiden Kapazitätswerte voneinander abweichen dürfen. Die
Verwendung eines solchen Parameters erweist sich laut [Gla91, S. 173] aufgrund der bestehenden Unsicherheit der Planungsdaten als zweckmäßig.

Erst wenn der Absolutwert der Differenz zwischen maximal einlastba-
rer Arbeitsmenge und Belegungszeiten des Arbeitsplatzes größer als die für
den Arbeitsplatz definierte Toleranzgrenze ist, wird ein Kapazitätsabgleich
vorgenommen.

Beide Parameter, der Einlastungsprozentsatz MAXEPS und die Toleranzgrenze, wurden zum besseren Verständnis in die Grafik des Belastungs-
profils eines Arbeitsplatzes in der Abbildung 2.9 auf der vorherigen Seite
eingetragen.

Es bieten sich grundsätzlich zwei Möglichkeiten an, einen Kapazitätsabgleich vorzunehmen, und zwar erstens nach der Durchlaufterminierung als
eigenständiger Schritt oder innerhalb der Durchlaufterminierung.

Die Alternative, die üblicherweise in der Fachliteratur (z.B. [Kur95] und
[Gla91]) angesprochen wird, ist ein Kapazitätsabgleich nach der Durchlaufterminierung in Form eines davon unabhängigen Schritts. Dies bedeutet,
daß erst nachdem die Durchlaufterminierung abgeschlossen und alle Fertigungsaufträge und/oder Arbeitsgänge mit Start- und Endterminen versehen wurden, eine Kapazitätsplanung stattfindet, die evtl. aufgetretene

Kapazitätsüber- und -unterlastungen anhand der obigen Vorgehensweisen beseitigt.

Damit ist aber oft ein sehr großer Aufwand verbunden, der im Rahmen der Kapazitätsplanung laut [Kur95, S. 164f] durch die isolierte Betrachtung eines einzelnen Arbeitsplatzes entsteht. Zwar läßt sich durch Verschiebungen von Arbeitsgängen unter Umständen eine ausgeglichene und realisierbare Kapazitätssituation erreichen; da die Arbeitsgänge jedoch im allgemeinen Fall in einem Fertigungsauftrags-/Arbeitsgangnetz stehen, ist eine Verlagerung nur solange problemlos, wie sie durch Pufferzeiten noch aufgefangen wird. Wenn dies allerdings nicht mehr der Fall ist, können ungeahnte Folgeprobleme entstehen: Arbeitsgänge, die Vorgänger (bei Verschiebung in Richtung Gegenwart) bzw. Nachfolger (bei Verschiebung in Richtung Zukunft) eines verlagerten Arbeitsgangs sind, müssen ebenfalls verschoben werden. Dies kann wiederum Auswirkungen auf andere vor- bzw. nachgelagerte Fertigungsaufträge bis hin zu den Startterminen der ersten Arbeitsgänge des Netzes bzw. den Endterminen der Endprodukte haben.

Wenn Vorgänger- oder Nachfolgerarbeitsgänge (oder -aufträge) verschoben werden müssen, bleibt dies nicht ohne Konsequenzen für die Kapazitätssituation anderer Arbeitsplätze und Arbeitsplatzgruppen. Möglicherweise werden dort zuvor realisierbare Lösungen nun unzulässig etc. Die Folgewirkungen können sich in unvorhersehbarem Maße fortpflanzen.

Diese separate Ausführung von Durchlaufterminierung und Kapazitätsplanung eignet sich bestenfalls für simple Fertigungsaufträge, für die kaum Probleme in der Kapatzitätslage zu befürchten sind; in diesem Fall können die zu dieser Gruppe zählenden Fertigungsaufträge auch in einem Batchlauf verarbeitet werden, der meist über Nacht gefahren wird.

Aus diesem Grund wird beim Entwurf des PPS–Moduls *innerhalb* der Durchlaufterminierung die Möglichkeit vorgesehen, die Maßnahmen der Kapazitätsplanung anzuwenden.

Nach der Terminierung eines Arbeitsgangs wird dann sofort geprüft — im Rahmen eines Schritts zur Kapazitätsplanung —, ob Kapazitätsdifferenzen bestehen und wie sie beseitigt werden können. Erst wenn dieser Arbeitsgang einen realisierbaren Start- und Endtermin hat, macht es Sinn, die ihm folgenden Arbeitsgänge und Fertigungsaufträge durch Anwendung der selben Regel zu terminieren.

Die soeben beschriebene Methode eignet sich für umfangreiche und komplizierte Aufträge, die viele Arbeitsplätzen der Werkstatt durchlaufen. Eine automatische Behandlung in Form einer Stapelverarbeitung seitens des PPS–Systems solcher Fertigungsaufträge kommt wegen der hohen Komplexität des Auftragsnetzes nicht mehr in Frage; in der Regel ist es in so einem Fall erforderlich, daß der Disponent den Kapazitätsabgleich Schritt für Schritt im Dialog durchführt.

Die zuletzt genannten Maßnahmen werden ebenfalls durch das Datenmodell des PPS–Moduls unterstützt, genauso ist aber in erster Linie die

Anwendung für deren Implementierung zuständig.

Folgende zwei Vorgehensweisen sind beim Kapazitätsabgleich denkbar:

1. Anpassung des Kapazitätsbedarfs an das Kapazitätsangebot

2. Anpassung des Kapazitätsangebots an den Kapazitätsbedarf

Anpassung des Kapazitätsbedarfs an das Kapazitätsangebot

Eine Anpassung des Kapazitätsbedarfs an das Kapazitätsangebot bedeutet allgemein, daß der einer Teilperiode zunächst zugeordnete Fertigungsauftragsbestand hinsichtlich des betrachteten Arbeitsplatzes derart variiert wird, daß die Summe der mit dem neu festgesetzten Auftragsbestand verbundenen Belegungszeiten dem Kapazitätsangebot entspricht bzw. in den vorgegebenen Toleranzbereich fällt (vgl. [Gla91, S. 175]).

Folgende Abstimmungsmaßnahmen sind zu diesem Zweck in der Praxis anzutreffen:

- Zeitliche Verlagerung (Vorziehen oder Hinausschieben) von Gesamt- bzw. Teilfertigungsaufträgen in eine andere Periode, um eine Glättung des Kapazitätsgebirges zu erzielen,

- Technische Verlagerung von Gesamt- bzw. Teilaufträgen auf ähnliche Ausweich–Arbeitsplätze,

- Fremdvergabe (Outsourcing) von Gesamt- bzw. Teilaufträgen.

Der Entwurf des Datenmodells im Rahmen dieser Diplomarbeit wird dergestalt vollzogen, daß die zeitliche und technische Verlagerung vom Datenbankschema unterstützt werden. Diese Vorgänge sind aber hauptsächlich durch die Programmlogik zu bewerkstelligen, das Datenschema muß allein die richtige, logische Basis dafür bieten.

Eine *zeitliche Verlagerung* wird derart implementiert, daß der zu verlagernde Fertigungsauftrag zunächst aus dem Belastungskonto des Arbeitsplatzes ausgelastet (falls er schon früher eingelastet wurde). Die Auslastung eines Auftrags bzw. Arbeitsgangs wird einfach durch Herauslöschen der zuvor eingelasteten Arbeitsstunden aus dem Belastungskonto des Arbeitsplatzes erreicht.

Der Fertigungsauftrag (und auch alle seine Arbeitsgänge) werden als nächstes mit den neuen Start- und Endterminen versehen, die diesmal keine Kapazitätsunstimmigkeiten hervorrufen; dieser Schritt kann entweder manuell im Dialog durch den Anwender oder automatisch im Zuge einer erneuten Durchlaufterminierung durch das System geschehen.

Als letztes kann der Fertigungsauftrag unter Berücksichtigung des neu ermittelten Datums auf den selben Arbeitsplatz eingelastet werden.

Bei der zeitlichen Verlagerung muß der Disponent zusätzlich beachten, daß die terminliche Verschiebung eines Fertigungsauftrags (oder Arbeitsgangs) bei einem Auftragsnetz meistens auch die Notwendigkeit der Verschiebung von Vorgänger- und/oder Nachfolgeaufträgen zur Folge hat, um Ungleichgewichte an den anderen Arbeitsplätzen zu vermeiden.

Die *technische Verlagerung* wird durch das Datenmodell durch die Definition von Ausweich–Arbeitsplätze zu einem bestimmten Stammarbeitsplatz.

In diesem Fall findet — manuell durch den Anwender oder vom System automatisch — eine Umlastung statt, indem der Fertigungsauftrag mit seinen Arbeitsgängen aus dem alten Arbeitsplatz ausgelastet und auf den alternativen eingelastet wird.

Der Benutzer ist bei der Umlastung im Rahmen einer technischen Verlagerung dafür zuständig, zu prüfen, ob die Arbeitsgänge des Fertigungsauftrags auf dem neuen Arbeitsplatz überhaupt ausgeführt werden können; es könnte durchaus der Fall sein, daß der neue Arbeitsplatz zum Beispiel ganz andere Rüst–Arbeitsgänge braucht. In so einer Situation muß der Anwender die für den alternativen Arbeitsplatz vordefinierten Arbeitsgänge verwenden oder neue definieren.

Anpassung des Kapazitätsangebots an den Kapazitätsbedarf

Für den zweiten Fall, die Anpassung des Kapazitätsangebots an den Kapazitätsbedarf, wird die an einem Arbeitsplatz verfügbare Kapazität — je nach dem, ob es sich um kurz- oder langfristige Abweichungen handelt — durch folgende Maßnahmen verändert:

- Einführung von Überstunden oder Sonderschichten bzw. Kurzarbeit oder Schichtabbau,

- Beschäftigung von Aushilfspersonal (Zeitarbeit),

- Erhöhung bzw. Verringerung der Produktionsgeschwindigkeit von Arbeitsplätzen, sofern dies technologisch möglich ist,

- Inbetriebnahme bzw. Stillegung von Arbeitsplätzen,

- Erhöhung bzw. Reduzierung der Arbeitskräfteanzahl.

Bei der Variation der Produktionsgeschwindigkeit darf nach [Gla91, S. 177] nicht übersehen werden, daß diese Maßnahme zu einer Veränderung der Fertigungsstückzeiten und somit des Kapazitätsbedarfs führt.

Solch eine Variation wird im System hinterlegt, indem die Bearbeitungszeit pro Stück im Arbeitsplatzstamm verändert wird.

Nach Abschluß der Kapazitätsplanung und des Kapazitätsabgleichs können sämtliche im Zuge der simulierten Einlastung ermittelten Fertigungstermine als realistisch und einhaltbar betrachtet und in der Bestätigung des Kundenauftrags verwendet werden.

2.2.12 Verfügbarkeitsprüfung

Im Anschluß an den Kapazitätsabgleich sollte festgestellt werden, ob auch alle für die Erledigung des betreffenden Fertigungsauftrags notwendigen Materialien und Betriebsmittel zu den in der Simulation ermittelten Startterminen zur Verfügung stehen.[21]

Nur solche Fertigungsaufträge dürfen im nächsten Schritt fix eingelastet werden, für die eine rechtzeitige Bereitstellung der benötigten Materialien und Betriebsmittel sichergestellt ist.

2.2.13 Kundenauftragserteilung

Als Folge der bis jetzt durchgeführten Schritte kann die Vertriebsabteilung dem Kunden den Auftrag mit den gerade festgelegten Daten bestätigen; somit wird der Kundenauftrag juristisch als erteilt angesehen.

Nun kann, nach der Materialreservierung, der Fertigungsauftrag fix eingelastet werden und schließlich die Auftragsfreigabe stattfinden.

2.2.14 Fixe Einlastung

Nach Abschluß der Kapazitätsplanung und des Kapazitätsabgleichs stehen also weitestgehend sämtliche Fertigungstermine des Auftrags fest und die für dessen Bearbeitung nötigen Kapazitäten sind reserviert — eine endgültige Einlastung kann jedoch noch nicht vorgenommen werden.

Zuerst muß schon zu diesem Zeitpunkt das notwendige Material in der erforderlichen Menge reserviert werden, damit es später für die Fertigung zum richtigen Zeitpunkt verfügbar sein kann.[22]

Erst wenn alle in das zu fertigende Erzeugnis eingehenden Materialien erfolgreich reserviert wurden, kann mit der fixen Einlastung begonnen werden.

Stehen bestimmte Materialien wider Erwarten nicht zur Verfügung, so muß leider der Starttermin nach hinten verschoben und höchstwahrscheinlich neu emittelt werden, da die Kapazitätssituation zu einem späteren Zeitpunkt ganz anders aussehen kann.

Zu diesem Zeitpunkt steht also fest, daß der Fertigungsauftrag — womöglich wie zuvor simuliert eingelastet[23] — gefertigt werden soll. Der

---

[21]Die Verfügbarkeitsprüfung gehört nicht zum Umfang dieser Arbeit.

[22]Dieser Schritt wird allerdings in dieser Arbeit nicht Berücksichtigung finden.

[23]Die simulierte Einlastung wird im Abschnitt 2.2.10 auf Seite 50 ausführlich beschrieben.

von diesem Fertigungsauftrag induzierte (und evtl. mit dem vorhandenen Kapazitätsangebot abgeglichenen) Kapazitätsbedarf muß jetzt endgültig in den Belastungskonten der in Frage kommenden Arbeitsplätzen fix eingelastet werden, damit deren Belastungsprofile nunmehr der Realität entsprechen können.

Dieser Vorgang entspricht einer *Kapazitätenvorbelegung*.

Die fixe Einlastung baut also auf die Ergebnisdaten der simulierten Einlastung auf (falls diese übernommen werden können), und belegt in einem weiteren Schritt die nötigen Kapazitäten in den zugehörigen Arbeitsplatzkonten.

Können aus irgendeinem Grund die Daten aus der simulierten Einlastung nicht benutzt werden (z.B. ein Steuerungsparameter muß geändert werden), dann müssen Durchlaufterminierung, Kapazitätsplanung und ggf. ein Kapazitätsabgleich erneut stattfinden.

In diesem Fall sollte eine detaillierte Durchlaufterminierung auf Arbeitsgang- und Arbeitsplatzebene stattfinden; je nach Komplexitätsgrad des Fertigungsauftrags kann ein Kapazitätsabgleich — falls notwendig — innerhalb der Durchlaufterminierung oder erst danach erfolgen.

Eine weitere Tätigkeit, die zu diesem Zeitpunkt erforderlich werden kann, ist die kurzfristige Ermittlung einer effizienteren Reihenfolge der Fertigungsaufträge mit Hilfe von Prioritätsregeln oder anhand eines komplexen Algorithmus der linearen Optimierung, um die Kapazitäten im Betrieb so rational wie möglich einzusetzen.

Dieser Schritt wird in der vorliegenden Arbeit nicht näher beleuchtet, da diese Maßnahme schon dem Gebiet der Fertigungssteuerung zuzuordnen ist. Es wird an dieser Stelle behandelt, daß durch die vorgenommene, netzartige Definition der Arbeitsplanpositionsstruktur in den Stammdaten bereits eine Vorgabe der Reihenfolge der Arbeitsplatzbelegung seitens des Benutzers erfolgen kann. Dieser kann durch die Definition von nacheinander und/oder parallel auszuführenden Arbeitsgängen bewußt eine bestimmte Bearbeitungs- und Arbeitsplatzreihenfolge erzwingen.

Das heißt die fixe Einlastung unterscheidet sich im funktionalen Umfang im wesentlichen nicht von der simulierten Einlastung. Der einzige Unterschied besteht in der Belastungsart.[24]

2.2.15   Auftragsfreigabe

Aufgabe der Auftragsfreigabe ist das Drucken der für die Fertigung und Steuerung des Fertigungsauftrags notwendigen Begleitpapiere und anderen Belege.[25]

Beispiele für typische Arbeitsdokumente (vgl. [Hac89]) sind:

---

[24]Die Belastungsarten sind im Abschnitt 2.2.11 auf Seite 54 beschrieben.

[25]Die Auftragsfreigabe ist nicht Gegenstand der Diplomarbeit und wird an dieser Stelle nur der Vollständigkeit halber aufgeführt.

- *Fertigungsauftrag* (auch Betriebsauftrag oder auftragsabhängiger Arbeitsplan genannt)
  Beschreibt die für die Bearbeitung notwendigen Arbeitsgänge. Unterscheidet sich vom auftragsneutralen Arbeitsplan hauptsächlich in der Auftragsmenge und ggf. in angepaßten Sonderarbeitsgängen.

- *Laufkarte*
  Zur Begleitung des Auftrags durch den Betrieb.

- *Terminkarte*
  Zur Terminkontrolle aufgrund von Rückmeldungen aus dem Betrieb.

- *Materialscheine*
  Zur Materialbereitstellung sowie als Entnahme- und Buchungsbelege.

- *Lohnscheine*
  Als individuelle Arbeitsanweisungen für die Werker, als Rückmeldeinstrumente für die Fortschrittskontrolle, als Grundlage für die Lohnabrechnung und Nachkalkulation u.a.

Voraussetzung für die Auftragsfreigabe ist die vorherige fixe Einlastung des Fertigungsauftrags.

2.3 Festlegung der Feinstruktur

Nun werden die Objekttypen des Informationsbereiches[26] untersucht, wie sie eindeutig benannt werden können und welche Eigenschaften (Attribute) sie besitzen, um dadurch die sogenannte Feinstruktur der Problemstellung festzulegen.

Die eindeutige Namenskonvention zielt auf eine objektspezifische Möglichkeit der Individualisierung eines Objektes im Datenmodell ab, das heißt jedes Objekt im System muß eindeutig zu finden sein.

Die Attribute stellen charakteristische Eigenschaften eines Objekttypes dar, die im festgelegten Informationsbereich relevant sind.

Die Festlegung der Feinstruktur erfolgt an dieser Stelle der Reihe nach für jedes Objekttyp zunächst verbal; die Wahl und Reihenfolge der Unterabschnitte in diesem Kapitel wurde entsprechend dem Auftreten folgender Objekttypenklassen bei der Beschreibung des Informationsbereiches im Abschnitt 2.2 gewählt:

1. Mitarbeiter

2. Betriebskalender

---

[26]Die Objekttypen des Informationsbereiches wurden im Abschnitt 2.2 auf Seite 10 festgelegt.

3. Schichtmodell

4. Teil, Stückliste

5. Arbeitsplan, Arbeitsgang

6. Betriebsmittel, Hilfsmittel

7. Arbeitsplatz, Belastungskonto

8. Pseudo–Fertigungsauftrag, Fertigungsauftrag

9. Kalkulationsschema

Anschließend wird die Feinstruktur zusammenfassend unter Berücksichtigung aller bisher gesammelten Informationen in grafischer Notation mittels Assoziationsdiagrammen nach [Elm94] dargestellt. Um diese Grafiken nicht unnötig mit Zusatzdaten zu überlasten, die keinen Einfluß auf die Informationsstruktur haben, werden Attribute, die einfach und eindeutig einem Objekttyp zugeordnet werden können, nicht im Diagramm dargestellt; sie werden lediglich, wie weiter unten beschrieben, jeweils in einer Tabelle am Ende des Kapitels aufgeführt.

Wird in einem Diagramm ein Objekttyp eines anderen Diagramms oder aus OMEGA (sprich eine anderweitig definierte Entität) verwendet, so wird dieser zur Hervorhebung *grau unterlegt* dargestellt. Die angesprochenen Assoziationsdiagramme enthalten zudem die für die Bestimmung der Datenmodell–Relationen[27] notwendigen Markierungen; diese spielen erst im nächsten Abschnitt eine Rolle.

Ergänzend zur besseren Lesbarkeit und um ebenfalls die Grafiken nicht zusätzlich mit „represented by"–Beziehungen (Datentypen) zu überfüllen, werden die Objekte des Informationsbereiches mit ihren eindeutigen Namensgebungen, den zugehörigen Attributen und ihren entsprechenden Datentypen tabellarisch aufgelistet; als Erkennungsmerkmal erscheinen die Felder zur eindeutigen Namensgebung in der Tabelle in **Fettschrift**, zum Beispiel **Schichtkürzel**.

Primär- und Fremdschlüsselbeziehungen werden bewußt in den Tabellen nicht ausführlich berücksichtigt, es wird nur als Attribut das Wort „Verweis" verwendet. Es wäre falsch diese Beziehungen schon jetzt aus der Struktur herauslesen zu wollen, da sie sich erst als Ergebnis der Informationsanalyse ergeben.

Ist die Feinstruktur eines jeden Objekttyps einmal definiert, dient sie dann im nächsten Schritt als Grundlage für die endgültige Definition der globalen Informationsstruktur des gesamten Anwendungsbereiches.[28]

---

[27]Die Ermittlung der Datenbankrelationen ist im Abschnitt 2.4 auf Seite 74 erläutert.
[28]Die Definition der Informationsstruktur ist im Abschnitt 2.4 auf Seite 74 beschrieben.

OMEGA verwendet meist selbstdefinierte Character–Kürzel — sogenannte „Mnemos" — als Datentyp der Domäne von Primär–Schlüsselfelder. Diese sind in der Regel performanter bei Datenbank– Zugriffen und aussagekräftiger für den Benutzer. Aus diesem Grund wird in dieser Arbeit diese Gewohnheit weitergepflegt.

Nur in den Fällen, in denen das System selber Schlüssel erzeugen muß (zum Beispiel beim Kopieren eines Datensatzes), wird anstelle des Mnemos der bekannte Datentyp „Serial" verwendet, der von allen modernen Datenbanksystemen unterstützt wird.

Grundsätzlich werden jeder entstandenen Relation, die Stammdaten verwaltet, zwei Attribute hinzugefügt: Der Name des Bearbeiters, der die letzte Änderung des betroffenen Datensatzes vorgenommen hat und das Datum dieses Zugriffes. Diese bereits in OMEGA konsequent durchgezogene Maßnahme dient zur sicheren Überwachung von wesentlichen Systemeingriffen. Der Einfachheit halber werden diese zwei Attribute nur in der tabellarischen Übersicht eines Objekttyps mit den Feldnamen *la_log* bzw. *la_dat* aufgelistet.

Analog werden einer Relation zur Verwaltung von Stammdaten, die für das PPS–System eine zentrale Bedeutung hat, zwei weitere Attribute addiert: Der Name des Bearbeiters, der den Datensatz angelegt hat und das Datum dieser Aktion. Die entsprechenden Feldnamen lauten *an_log* bzw. *an_dat.*

Zur Speicherung und Bearbeitung von sämtlichen Zeiten (z.B. Übergangszeit) und Preisangaben (z.B. Artikelpreis) sowie zur Kombinierung beider Objekte (z.B. Bearbeitungszeit als Zeit/Stück–Angabe) werden die bereits in OMEGA vorhandenen, ausgereiften Einheitenumrechnungs- und Währungssysteme verwendet und in das PPS–Modul integriert.

Das Einheitenumrechnungssystem erlaubt beispielsweise, die Einheit Tage jederzeit in Stunden automatisch umrechnen zu lassen.

Aus diesem Grund werden *alle* Zeiten des PPS–Moduls im Datenmodell in der gleichen Einheit gespeichert — in *Stunden.* Damit liegt dem PPS–System und dem Disponenten an jeder Stelle im Geschäftsprozeß die gleiche Zeiteinheit zugrunde, was die Handhabung und die Implementierung vereinfacht. Möchte der Benutzer trotzdem aus einem bestimmten Grund in Tagen arbeiten, so kann er das problemlos; die Anwendung sorgt für ihn transparent für die Umrechnung und die Speicherung der Daten im richtigen Format und in der richtigen Einheit.

Ebenso unterstützt das System den Benutzer in der Verwendung von verschiedenen Währungen innerhalb eines Geschäftsprozesses.

Maßeinheiten und Währungen haben demnach keinen Datentyp, sondern sind einfach im Rahmen der Festlegung der Feinstruktur ein Verweis auf das Einheiten- bzw. Währungssystem.

2.3.1 Mitarbeiter

Die Feinstruktur eines Mitarbeiters ist schon in OMEGA derart definiert, daß
die gestellten Anforderungen — bis auf eine — umfassend abgedeckt werden
können; sie wird aus diesem Grund für das PPS–Modul übernommen und
hier nicht näher behandelt.

2.3.2 Betriebskalender

Ein Betriebskalender, der den im Abschnitt 2.2.1 auf Seite 13 festgelegten
Anforderungen genügt, ist bereits in OMEGA vollständig implementiert. Aus
dem Grund wird er hier nicht näher behandelt.

2.3.3 Schichtmodell

Die Datenstruktur des Schichtmodells und aller damit zusammenhängenden
Feinstrukturen wurde nach einigen vereinfachenden Änderungen (z.B. Ar-
beitszeitform und -modell zum Schichtmodell zusammengefaßt) aus INASYS
übernommen.

Eine Schicht wird genau durch 1 systemweit eindeutiges Schichtkürzel
identifiziert und hat zusätzlich als Attribut eine Bezeichnung, Information
und eine Liste von 1..n Schichtelementen.

Die Reihenfolge der Schichtelementen innerhalb einer Schicht ist durch
ihre Beginn- und Endezeiten eindeutig gegeben, somit sind keine Positions-
nummern notwendig.

Die Beginn- und Endezeit einer Schicht lassen sich aus den in ihr enthaltenen Schichtelementen ermitteln.

Die Abbildung 2.10 auf der nächsten Seite zeigt das Diagramm mit den
Beziehungen zwischen Schichtelementen, Schichten und Schichtmodellen.
Die Feinstruktur eines Schichtelements und eines Schichtmodells wird im
folgenden näher beleuchtet.

Ein Schichtelement wird durch 1 Beginndatum seines Gültigkeitsintervalls, 1 Beginnuhrzeit und 1 Priorität eindeutig identifiziert.

Die Priorität gibt an, ob das Element ein Defaulteintrag (Wert im Datensatz ist N für „Normal") oder ein Ausnahmeeintrag (Wert ist A für „Ausnahme") darstellt; im letzten Fall überschreiben die Daten des Datensatzes
die Werte des Defaulteintrags.

Nach gründlichen Überlegungen zur Speicherung von Zeiten im System
wird festgestellt, daß die Beginnzeit eines Schichtelements allein schon reicht,
um Start und Ende des Elements festzulegen; die Endezeit entspricht der
Beginnzeit des nächsten Elements bzw. der nächsten Schicht, so daß die
Endezeit eigentlich eine redundante Datenhaltung darstellt. Um aber die
Datenzugriffe zu beschleunigen wird die Endezeit eines Schichtelements im
System auch gespeichert (muß von der Programmlogik berechnet und kon-

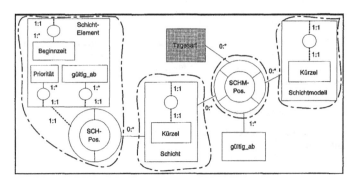

Abbildung 2.10: Feinstruktur — Schichtmodell

sistent gehalten werden), aber nicht in einen Schlüssel einer Relation mit-
einbezogen.

Das heißt, ein Schichtelement besitzt folgende Attribute: das Endedatum des Gültigkeitsintervalls, die Endezeit und die diesem Schichtelement
zugeordnete Zeitart (aus der Menge: Produktion, Pause, Reparatur und
Wartung).

Der Gültigkeitsbereich wird in Tagen angegeben (durch Beginn- und
Endedatum) und ermöglicht dem Disponent bereits am Anfang eines Jahres
geplante, zeitlich später vorzunehmende Änderungen an einer bestimmten
Schicht bzw. ihren Elementen einzugeben.

Die Abbildung 2.10 zeigt das Diagramm mit den Assoziationen eines
Schichtelements.

Ein Schichtmodell wird eindeutig durch **1** systemweites Schichtmo-
dellkürzel identifiziert und verfügt über folgende Attribute: eine Bezeichnung, eine Information und eine Liste mit **0..n** Tagesarten, denen jeweils **1**
Gültigkeitsintervall zugeordnet ist.

Jeder Tagesart eines Schichtmodells können wiederum **0..n** Schichten
zugewiesen werden, die die zur Verfügung stehende Kapazität an einem
solchen Tag beschreiben.

Die Reihenfolge der Tagesarten innerhalb eines Schichtmodells ist un-
bedeutend und die Reihenfolge der Schichten innerhalb einer Tagesart ist
durch ihre Beginn- und Endezeiten (bzw. die Zeiten der in den Schichten
enthaltenen Elementen) eindeutig gegeben, so daß es keiner Positionsnummer bedarf.

Die Abbildung 2.10 zeigt das Diagramm mit den Beziehungen, die ein
Schichtmodell betreffen.

Die Feinstruktur der Tagesarten wird in diesem Zusammenhang nicht
näher beleuchtet, weil sie dem Modul Betriebskalender angehört.

2.3.4 Teil, Stückliste

Die Feinstruktur eines Teils ist schon in OMEGA definiert und erfüllt alle an einem Teilestamm vom PPS–Modul gestellten Anforderungen und wird aus dem Grund ohne Änderungen und Ergänzungen übernommen. Die Teile werden in OMEGA im Artikelstamm geführt und bilden somit ein Untertyp vom Objekttyp Artikel. Ein Attribut namens „Warengruppe" definiert dabei, ob es sich bei dem Artikel um einen Rohstoff, ein Verbrauchsmaterial, ein Hilfsmittel, ein unfertiges (Baugruppe) oder ein fertiges Erzeugnis (Produkt) handelt.

Auftragsneutrale (Stamm-)Stücklisten sind ebenfalls bereits in OMEGA implementiert. Sie wurden bei einem früheren Teilentwurf des Datenmodells als Denormalisierungsschritt in den Artikelstamm integriert, bilden aber keinen Untertyp des Artikels.

Der Primärschlüssel eines Artikels setzt sich zusammen aus *Artikelnummer* und *Stücklistennummer*, beide stellen eine eindeutige Namenskonvention dar. Hat ein Artikel bzw. Teil keine Erzeugnisstruktur oder ist ihm keine Stückliste zugeordnet, so enthält sein Eintrag in dem Stamm keine Stücklistennummer. Ist eine Stücklistennummer vorhanden, so handelt es sich bei diesem Datensatz um einen Stücklistenkopf.

Eine zweite Relation regelt die Zuordnung von Positionen mit Mengenfaktoren einem Stücklistenkopf, um die geforderte hierarchische Struktur aufbauen zu können; solche Positionen können wiederum Stücklisten, Teile oder Artikel sein, die im Artikelstamm enthalten sind. Auf diese Weise läßt sich eine sehr leistungsfähige und kompakte Implementierung von Baukastenstücklisten erzielen.

Aufgrund der in der verbalen Festlegung des Informationsbereiches deklarierten Anforderungen kann festgestellt werden, daß Stamm- und Fertigungsstücklisten sich in ihrer Feinstruktur nicht unterscheiden, das heißt es sind keine zusätzlichen Attribute für Fertigungsstücklisten zu speichern. Aus diesem Grund wird die bestehende Datenstruktur einer Stückliste auch für die Verwaltung von auftragsspezifischen Stücklisten verwendet.

Ein Attribut muß aber dem bestehenden Datenmodell der Stückliste hinzugefügt werden, um den gestellten Anforderungen gerecht werden zu können. Damit Stamm- und Fertigungsstücklisten in der selben Relation gemeinsam verwaltet werden können, muß ein typisierendes Attribut mit den möglichen Werten S für die Stamm- und F für die Fertigungsstücklisten dazu addiert werden.

Weil die Stücklisten ein so zentrales Thema eines PPS–Systems sind, werden in der Abbildung 2.11 auf der nächsten Seite zum besseren Verständnis von der bereits implementierten Struktur die Beziehungen zwischen Artikel-, Teile- und Stücklistenstamm abgebildet.

Für Teileverwendungsnachweise wird im Rahmen dieser Diplomarbeit keine eigene Datenstruktur vorgesehen; sie werden durch die Programmlo-

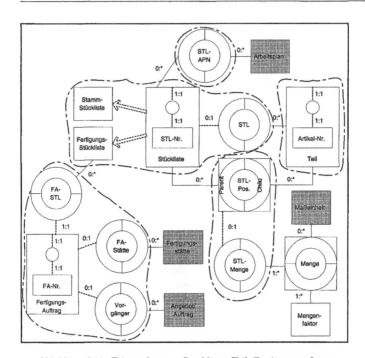

Abbildung 2.11: Feinstruktur — Stückliste, Teil, Fertigungsauftrag

gik implementiert, indem die in Frage kommenden Stücklisten wie in Abschnitt 2.2.5 auf Seite 27 beschrieben durchwandert werden.

2.3.5 Arbeitsplan, Arbeitsgang

Die eindeutige Namensgebung eines auftragsneutralen Arbeitsplanes erfolgt mittels **1** systemweiten Arbeitsplannummer.

Die Eigenschaften eines Arbeitsplanes sind eine Bezeichnung, Information, eine Liste der Teile, auf die es sich bezieht, eine Losgröße mit der dazu gehörigen Maßeinheit und eine Liste mit **1..n** Arbeitsplanpositionen.

Als weiteres Attribut wird der Typ des Arbeitsplans gespeichert, um bei der Pflege der Arbeitspläne zwischen Stamm- (Typ **S**) und Fertigungsarbeitspläne (Typ **F**) unterscheiden zu können.

Für Fertigungsarbeitspläne wird ferner als Attribut die Plan–Durchlaufzeit des kritischen Pfades geführt, die mittels der Durchlaufterminierung berechnet wurde.

Weil in der ersten Version des PPS–Moduls diese die einzige Eigenschaft eines Fertigungsarbeitsplans ist, die ihn von einem Stammarbeitsplan unterscheidet, wird bewußt in einem Denormalisierungsschritt diese Information in der Arbeitsplanrelation gespeichert, und nicht in einer eigenen, wie das korrekte Ergebnis einer Datenmodellierung in dritter Normalform wäre.

Der Start- und Endtermin der Ausf''hrung des Arbeitsplans sind keine Attribute des Arbeitsplans, sondern vielmehr des Fertigungsauftrags, dem der Arbeitsplan (mittelbar über die Fertigungsstückliste) zugeordnet ist.

Auf einen Gültigkeitsbereich, der mit Start- und Endedatum die zeitliche Gültigkeit des Arbeitsplans angibt, wird bewußt verzichtet. Die Notwendigkeit ist nicht gegeben, weil die Zurückverfolgung der Entstehung eines Erzeugnisses im Sinne von ISO 9000 ist jederzeit durch das Vorhandensein des gültigen Fertigungsarbeitsplans gewährleistet.

Die Abbildung 2.12 zeigt das Diagramm mit den beschriebenen Eigenschaften eines Arbeitsplans.

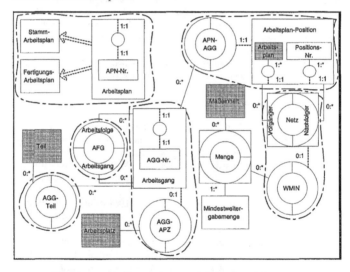

Abbildung 2.12: Feinstruktur — Arbeitsplan, Arbeitsgang

Eine Arbeitsplanposition wird eindeutig durch **1** Verweis auf den Arbeitsplan, zu dem sie gehört und **1** Arbeitsplanpositionsnummer identifiziert, die eindeutig innerhalb eines Arbeitsplans ist.

Eine Position besitzt folgende Attribute: einen Verweis auf den Arbeitsgang, der in der Position durchgeführt wird und jeweils einen Verweis auf die Vorgänger- und Nachfolger–Position.

Die gerade betrachteten Beziehungen einer Arbeitsplanposition sind ebenfalls in der Abbildung 2.12 auf der vorherigen Seite dargestellt.

Für Arbeitsfolgen und Arbeitsgänge ergeben sich die selben Attribute, weil sie von der funktionalen Seite her betrachtet in dem PPS–Modul nicht unterschieden werden. Darum gelten die Definitionen im folgenden Teil sowohl für Arbeitsfolgen als auch für -gänge, gesprochen wird aber zur Simplifizierung von Arbeitsgang.

Ein Arbeitsgang wird durch 1 Arbeitsgangnummer systemweit eindeutig spezifiziert und besitzt folgende Eigenschaften: Bezeichnung, Information, einen Arbeitsgangtyp (mit den möglichen Werten S für Stammarbeitsgang und F für Fertigungsarbeitsgang) zur Unterscheidung von auftragsneutralen und -bezogenen Arbeitsgängen, Plan–Rüstzeit mit dazu gehöriger Maßeinheit, Plan–Bearbeitungszeit je Einheit (ZBE) und Maßeinheit, Plan–Übergangszeit und Maßeinheit, Verweis auf den Arbeitsplatz, an dem dieser Arbeitsgang ausgeführt wird, einen Verweis auf 0..n Teile, die in diesem Arbeitsgang verarbeitet werden, einen Reduzierungsfaktor und den ermittelten, tagegenauen Plan–Start- und Plan–Endtermin, die errechnete Plan–Durchlaufzeit des Arbeitsgangs, falls eine Durchlauftermierung bereits stattgefunden hat.

Die Plan–Bearbeitungszeit je Einheit — das heißt die Stückzeit — ist eine Größe, die genau genommen abhängig vom verwendeten Arbeitsplatz und vom bearbeiteten Teil ist.

Die Zuordnung zum Arbeitsplatz ist durch den Verweis auf diesen geregelt.

Die eindeutige Zuordnung zu jedem im Arbeitsgang bearbeiteten Teil ist eigentlich nicht exakt gegeben, denn es können mehrere Teile verarbeitet, aber nur *eine* Stückzeit dafür hinterlegt werden.

Diese Vereinfachung wurde von databrain EDV vorgegeben und wird in zukünftigen Versionen vom PPS–Modul in seiner Funktionalität und Struktur erweitert werden.

Die Abbildung 2.12 auf der vorherigen Seite zeigt das Diagramm mit den Assoziationen eines Arbeitsgangs und seine Beziehungen zu den restlichen Objekttypen des Teilmoduls.

Da an einem Arbeitsplatz mehrere verschiedene Teile mit unterschiedlichen Rüst-, Stück- und Übergangszeiten verarbeitet werden können, ist es sinnvoller diese Zeiten als Attributte des Arbeitsgangs und nicht des Arbeitsplatzes zu definieren.

Eine Angabe von Vorgänger- und Nachfolger–Arbeitsgang ist an dieser Stelle nicht erforderlich, weil diese Beziehung schon bei den Arbeitsplanpositionen definiert wurde.

Die Mindestweitergabemenge wird nicht als Attribut des Arbeitsgangs definiert, da sie einem *Paar* von Arbeitsgängen (Vorgänger und Nachfolger) und nicht einem einzelnen zugewiesen wird.

2.3.6   Betriebsmittel, Hilfsmittel

Umfangreiche Informationen zu einem Betriebsmittel, die die Bedürfnisse des PPS–Systems im ausreichenden Maße befriedigen, werden bereits in dem Modul Finanzbuchhaltung von OMEGA gespeichert; das Führen von redundanter Information im PPS–Modul ist somit überflüssig.

Die Anlagenbuchhaltung dieses Moduls speichert zu jedem Betriebsmittel einen für die Produktionsplanung wichtigen Parameter — die maximale technische Leistung der Maschine.

Ihre Maßeinheit wird in der Praxis oft auf ganz unterschiedlicher Art und Weise angegeben, zum Beispiel Tonnen/Stunde oder Stück/Sekunde. In diesem Fall kommen die Vorteile des Einheitensystems von OMEGA, welches an dieser Stelle auch eingesetzt wird, zum Vorschein.

Die optimale Leistung ist produktabhängig und wird darum als Eigenschaft des Arbeitsplatzes definiert, und nicht des Betriebsmittels.

Auf die maximale technische Leistung wird üeber einen Verweis auf die Betriebsmittel im Arbeitsplatzstamm zugegriffen.

Für die Hilfsmittel ist ebenfalls bereits in OMEGA eine ausführliche Feinstruktur definiert und implementiert, die sämtliche Anforderungen des PPS–Systems effizient abdeckt.

Die Hilfsmittel samt ihren Eigenschaften werden in dem Artikelstamm verwaltet und anhand des Attributs „Warengruppe" (mit Ausprägung „Hilfsmittel") eindeutig identifiziert und von anderen Artikelgruppen unterschieden.

Somit ist ein Hilfsmittel in OMEGA nichts anderes als ein Untertyp des Objekttyps Artikel.

2.3.7   Arbeitsplatz, Belastungskonto

Wie im Abschnitt 2.2.1 auf Seite 22 schon angedeutet, werden Arbeitsplätze und Arbeitsplatzgruppen grundsätzlich nicht unterschieden.

Daraus ergibt sich aus logischer Sicht für das Datenmodell nicht die Notwendigkeit, zwischen Arbeitsplatz und Arbeitsplatzgruppe zu differenzieren; somit ist es sinnvoll, beide Entities in *einer* Relation zu verwalten. Das bringt das Vorteil mit sich, daß beide Objekttypen die selben Attribute erhalten; dadurch wird später nur an wenigen Stellen in der Programmlogik notwendig sein, verschiedene Programmstücke zu implementieren.

Eine zweite Relation ordnet dann einer Arbeitsplatzgruppe die darin enthaltenen Arbeitsplätze.

Ein Arbeitsplatz wird im ganzen System durch 1 Arbeitsplatzkürzel eindeutig identifiziert.

Er besitzt zudem folgende Attribute: eine Bezeichnung, eine Information, eine Kostenstelle, Standort, jeweils eine Liste mit 0..n Betriebs-, 0..n Hilfsmittel und 0..n Mitarbeiter, die an diesem Arbeitsplatz stehen bzw.

arbeiten, einen Leistungsgrad, einen Verweis auf die Arbeitsplatzgruppe, zu der er gehört, eine Liste mit **0..n** Ausweicharbeitsplätzen, einen Verweis auf das gültige Schichtmodell, einen Kostensatz pro Rüst- und pro Bearbeitungsstunde mit der jeweils geltenden Maßeinheitenkombination (z.B. DM pro Stunde) und eine Liste mit den in Zukunft geplanten Stillstandzeiten des Arbeitsplatzes.

Weiterhin werden zu dem Haupt–Betriebsmittel, der an dem Arbeitsplatz steht, die Toleranzgrenze, einen maximalen und einen minimalen Einlastungsprozentsatz gespeichert, jeweils als Prozentsatz der durch das Schichtmodell vorgegebenen Tageskapazität.

Schließlich wird einem Arbeitsplatz als Attribut die optimale Leistung des Haupt–Betriebsmittels — als Prozentsatz seiner maximalen technischen Leistung — und ihre Maßeinheit zugewiesen.

Da sie eigentlich produkt- und nicht direkt arbeitsplatzbezogen ist, sollte sie womöglich an einer anderen Stelle im Datenmodell gespeichert werden. Um das logische Datenmodell in seiner ersten Version verhältnismäßig einfach zu halten, wird die optimale Leistung jedoch dem Arbeitsplatz zugeordnet.

Die Beziehungen eines Arbeitsplatzes sind in der Abbildung 2.13 abgebildet.

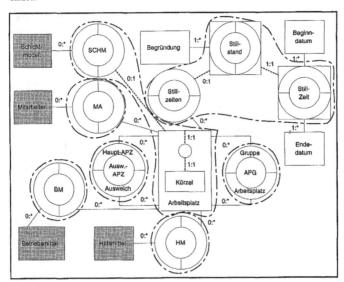

Abbildung 2.13: Feinstruktur — Arbeitsplatz

Im Bezug auf das Belastungskonto wurde nach gründlicher Überlegung festgestellt, daß dieses eigentlich kein Objekttyp, also keine Entität ist, sondern vielmehr eine arbeitsplatz-, fertigungsauftrags- und arbeitsgangbezogene Sammlung von Einlastungsinformationen.

Zur besseren Darstellung des Themas wird aber das Belastungskonto an dieser Stelle so behandelt, als ob es ein Objekttyp wäre.

Die in einem Belastungskonto verwaltete Einlastungsinformation wird also eindeutig durch 1 Verweis auf den Arbeitsplatz, dem sie gehört, 1 Tagesdatum, 1 Verweis auf den Arbeitsgang, der eingelastet wird und 1 Verweis auf den Fertigungsauftrag, dem der Arbeitsgang zugeordnet ist identifiziert.

Die Hinzunahme von Arbeitsgang und Fertigungsauftrag in die Namenskonvention ist erforderlich, weil der selbe Arbeitsgang — der aber in verschiedenen Fertigungsaufträgen vorkommt — mehrmals im selben Belastungskonto eingelastet sein könnte. Die gewählte Feinstruktur ist die einzige Möglichkeit, dies zu berücksichtigen.

Als Attribut wird eine Plan–Belegunszeit in Stunden — das ist die eigentliche Einlastungsinformation — gespeichert.

Die Abbildung 2.14 zeigt die festgelegten Assoziationen des Belastungskontos eines Arbeitsplatzes.

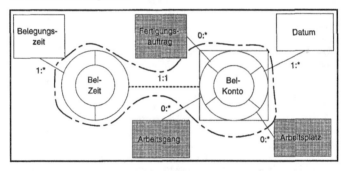

Abbildung 2.14: Feinstruktur — Belastungskonto

Im Rahmen dieser Diplomarbeit wird für Arbeitsplatzverwendungsnachweise keine eigene Datenstruktur vorgesehen; sie werden durch die Programmlogik implementiert, indem sämtliche Arbeitsgänge in den Stammdaten sequentiell durchsucht werden, ob der gesuchte Arbeitsplatz darin referenziert wird.

2.3.8   Pseudo–Fertigungsauftrag, Fertigungsauftrag

Pseudo–Fertigungsaufträge und richtige Fertigungsaufträge werden in ihrer Feinstruktur nicht unterschieden, darum besitzen sie die gleichen Eigenschaften. Das einzige Unterscheidungsmerkmal ist das Vorgängerobjekt. Wird ein Fertigungsauftrag aus einem Kundenangebot erstellt, so handelt es sich um einen Pseudo–Auftrag; entsteht er dagegen aus einem Kundenauftrag, so wird dieser als reiner Fertigungsauftrag bezeichnet.

Folgende Feinstruktur läßt sich also auf beide Arten von Fertigungsaufträgen anwenden.

Ein Fertigungsauftrag im System wird durch 1 Fertigungsauftragsnummer eindeutig referenziert und verfügt über folgende Eigenschaften: eine Bezeichnung, eine Information, eine Fertigungsstückliste, die gefertigt werden soll, eine Losgröße mit Maßeinheit über die Stückzahl des Fertigungsauftrags, eine Vorgriffs- und eine Sicherheitszeit (jeweils in Stunden), einen Plan–Start- und einen Plan–Endtermin, eine Plan–Auftragsdurchlaufzeit, einen Soll–Preis mit Währung, einen Verweis auf die Fertigungsstätte, in der gefertigt wird und einen Verweis auf das Kundenangebot bzw. Kundenauftrag, dem er entspricht.

Die Abbildung 2.11 auf Seite 67 zeigt das Diagramm mit den Assoziationen eines Fertigungsauftrags.

Die Feinstruktur einer Fertigungsstätte wird in dieser Arbeit nicht untersucht; sie ist bereits in OMEGA festgelegt und implementiert.

Die eben beschriebenen Eigenschaften eines Fertigungsauftrags sind in erster Linie für die Auftragsterminierung und -kalkulation erforderlich, also für die Produktionsplanung. Eigenschaften, die erst in der Produktionssteuerung von Bedeutung sind, werden im Rahmen dieser Arbeit nicht beschrieben, weil sie nicht zur Aufgabenstellung gehören.

2.3.9 Kalkulationsschema

Die Feinstruktur des Kalkulationsschemas ist einfach, da nur die Verweise auf die Warengruppen- und die Preislistenrelationen im Datenmodell vorhanden sein müssen. Eine Verbindung mit dem zu kalkulierenden Produkt im Artikelstamm sowie mit der für die Fertigung verwendeten Stückliste und dem Arbeitsplan werden von der Programmlogik hergestellt, indem der Benutzer dies im Dialog eingibt. Es würde ja keinen Sinn machen, für jedes Artikel im System ein eigenes Kalkulationsschema zu hinterlegen.

Die systemweite eindeutige Namenskonvention eines Kalkulationsschemas besteht aus 1 Kalkulationsschemakürzel.

Seine Attribute sind eine Bezeichnung, ein Informationsfeld, ein Verweis auf die Warengruppe, der das Schema zugewiesen wird sowie 0..n Schemapositionen.

Die systemweite eindeutige Namenskonvention einer Position eines Kalkulationsschemas besteht nun aus 1 Verweis auf das Kalkulationsschema, dem die Position angehört und 1 Positionsnummer, die innerhalb eines jeden Kalkulationsschemas eindeutig ist.

Die Attribute einer Kalkulationsschemaposition sind: Titel der Zeile,
einen Zuschlagssatz, Prozeßkostensatz, einen Zeilentyp und einen Verweis
auf die Preisliste, aus der Preisbildungsdaten gewonnen werden.

Die Abbildung 2.15 zeigt die definierten Assoziationen eines Kalkulationsschemas und seinen Positionen.

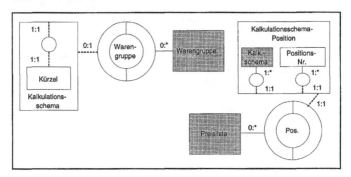

Abbildung 2.15: Feinstruktur — Kalkulationsschema

2.4   Definition der Informationsstruktur

Nachdem die Feinstruktur aller Teilbereiche der Problemstellung eindeutig spezifiziert, beschrieben und durch Assoziationsdiagramme dargestellt
wurde, kann nun die Struktur des gesamten Informationsbereiches definiert
werden.

Zu diesem Zweck werden — als Gesamtergebnis des aktuellen Kapitels
— aus den entworfenen, logischen Datenbankteilschemata die dazu gehörigen Relationen nach dem in [Elm94] beschriebenen Algorithmus[29] abgeleitet
und durch eine Sprache zur Definition von Sub–Schemata (SSDL–Sprache)
beschrieben; dies ist der letzte Schritt des Verfahrens der Informationsanalyse.

Zur Darstellung des logischen Datenmodells wurde aus folgenden zwei,
wichtigen Gründen eine SSDL–Sprache gewählt.

Zum einen bietet diese programmiersprachenähnliche Alternative der
größte Reichtum an Möglichkeiten, sämtliche Einzelheiten und Details eines
logischen Datenmodells flexibel und effizient zu definieren. So lassen sich
beispielsweise Teilmodule eines konzeptuellen Schemas definieren, Domänen

---

[29]Der Algorithmus wird in dieser Studie nicht näher erläutert; dies würde den Rahmen
der Diplomarbeit sprengen.

einer Relation deklarieren und später wiederverwenden und Relationencons-
traints genauer festlegen.

Nicht alle dieser Möglichkeiten sind anhand einer grafischen Darstellung
des logischen Datenmodells zufriedenstellend realisierbar.

Zum anderen erlaubt ein von databrain EDV entwickeltes Werkzeug die
Verwendung einer solchen Sprache als Input, um eine SQL–Datei für die
Erstellung des physischen Datenmodells zu erzeugen. Dieses Software–Tool
wird im Kapitel 3 auf Seite 81 verwendet und genauer beschrieben.

Die in diesem Abschnitt entstandenen Sub–Schema Definitionen werden
aber nicht an dieser Stelle plaziert, sondern zur besseren Übersicht im Anhang B auf Seite 115 aufgestellt und im Detail erläutert.

Die für den angesprochenen Algorithmus notwendigen Markierungen und
Ergänzungen in den Assoziationsdiagrammen werden an den bereits vorhandenen, im letzten Abschnitt dargestellten Diagrammen vorgenommen, da
das Wiederholen der Grafiken allein zu diesem Zweck wenig Sinn macht und
zu viel Platz in Anspruch nehmen würde.

Weil das Datenbankmanagementsystem PROGRESS® NULL–Werte richtig behandelt, werden 0:1 Intervalle und Untertypen auch zu den 1:1 Ver-
bindungslinien genommen.

Beim Bestimmen der Relationen erhalten die Attribute sinnvollerweise
bereits an dieser Stelle den Namen, wie die Tabellenfelder später heißen
werden.

Die durch diese Methode erstellten Relationen ergeben anschließend die
für die Lösung der Problemstellung notwendigen Tabellen, die den Kern
der in Zukunft zu implementierenden relationalen Datenbank–Anwendung
darstellen.

Preis-liste	Pos.	Titel	Zuschl.-satz	Prozeß-kostens.	Typ
01	1	Brutto EK		1500,00	B
01	2	Rabatt 1 (Multi)	0,90		Z
01	3	Rabatt 2	0,97		Z
01	4	Mindermengenzuschlag		50,00	A
	5	**Netto EK (Einstandspreis)**			S
01	6	Materialgemeinkosten	1,05		Z
01	7	Lagerzinsen	1,02		Z
01	8	Lagerrisiko	1,02		Z
01	9	Bestellkosten		40,00	A
	10	**Materialkosten**			S
01	11	Rüstkosten		300,00	A
01	12	Bearbeitungskosten			A
01	13	Sondereinzelkosten d. Fert.	1,03		Z
	14	**Fertigungskosten**			S
	15	**Herstellkosten**			S
01	16	Vertriebsgemeinkosten	1,08		A
01	17	Abwicklungskosten		80,00	A
01	18	Verwaltungsgemeinkosten	1,05		A
	19	**Selbstkosten**			S
01	20	Gewinnmarge	1,15		A
01	21	Skonto	1,02		A
02	22	Gewinnmarge Staffel 1	1,10		A
03	23	Gewinnmarge Staffel 2	1,08		A
	24	**Brutto VK**			S
01	25	Rabatt 1 (Multi)	0,92		Z
01	26	Rabatt 2	0,98		Z
01	27	Mindermengenzuschlag		60,00	A
	28	**Netto VK**			S

Tabelle 2.1: Beispiel eines Kalkulationsschemas

Attribute	Datentyp
Schichtkürzel	char(4)
Bezeichnung	char(40)
Information	char(100)
Schichtelemente	Verweise
la_dat	date
la_log	char(15)

Tabelle 2.2: Attribute — Schicht

Attribute	Datentyp
gültig_ab	date
gültig_bis	date
Beginn	time
Ende	time
Priorität	char(1)
Zeitart	char(40)
la_dat	date
la_log	char(15)

Tabelle 2.3: Attribute — Schichtelemente

Attribute	Datentyp
Schichtmodellkürzel	char(4)
Bezeichnung	char(40)
Information	char(100)
Tagesarten	Verweise
Schichten	Verweise
la_dat	date
la_log	char(15)

Tabelle 2.4: Attribute — Schichtmodell

Attribute	Datentyp
Arbeitsplannummer	serial
Bezeichnung	char(40)
Information	char(100)
Typ	char(1)
Losgröße	decimal
Maßeinheit der Losgröße	Verweis
Plan–Durchlaufzeit	decimal
Teile	Verweis
Arbeitsplanpositionen	Verweise
an_dat	date
an_log	char(15)
la_dat	date
la_log	char(15)

Tabelle 2.5: Attribute — Arbeitsplan

Attribute	Datentyp
Arbeitsplan	Verweis
Arbeitsplanpositionsnummer	int
Arbeitsgang	Verweis
Vorgänger–Poistion	Verweis
Nachfolger–Poistion	Verweis

Tabelle 2.6: Attribute — Arbeitsplanposition

Attribute	Datentyp
Arbeitsgangnummer	serial
Bezeichnung	char(40)
Information	char(100)
Typ	char(1)
Plan–Rüstzeit	decimal
Maßeinheit der Plan–Rüstzeit	Verweis
Plan–Bearbeitungszeit	decimal
Maßeinheit der Plan–Bearbeitungszeit	Verweis
Plan–Übergangszeit	decimal
Maßeinheit der Plan–Übergangszeit	Verweis
Reduzierungsfaktor	decimal
Plan–Starttermin	date
Plan–Endtermin	date
Plan–Durchlaufzeit	decimal
Teile	Verweise
Arbeitsplatz	Verweis
an_dat	date
an_log	char(15)
la_dat	date
la_log	char(15)

Tabelle 2.7: Attribute — Arbeitsgang

Attribute	Datentyp
Arbeitsplatzkürzel	char(4)
Bezeichnung	char(40)
Information	char(100)
Kostenstelle	char(20)
Standort	char(40)
Rüstkostensatz	money
Maßeinheit und Währung des Rüstkostensatzes	Verweis
Stundensatz	money
Maßeinheit und Währung des Stundensatzes	Verweis
Toleranzgrenze	decimal
maximalen Einlastungsprozentsatz	decimal
minimalen Einlastungsprozentsatz	decimal
Leistungsgrad	decimal
optimale Leistung	decimal
Maßeinheit der optimalen Leistung	Verweis
Betriebsmittel	Verweise
Hilfsmittel	Verweise
Mitarbeiter	Verweise
Schichtmodell	Verweis
Stillstände	Verweise
Ausweich–Arbeitsplätze	Verweise
an_dat	date
an_log	char(15)
la_dat	date
la_log	char(15)

Tabelle 2.8: Attribute — Arbeitsplatz

Attribute	Datentyp
Arbeitsplatz	Verweis
Datum	date
Fertigungsauftrag	Verweis
Arbeitsgang	Verweis
Plan–Belegungszeit	decimal

Tabelle 2.9: Attribute — Belastungskonto

Attribute	Datentyp
Fertigungsauftragsnummer	serial
Bezeichnung	char(40)
Information	char(100)
Losgröße	decimal
Maßeinheit der Losgröße	Verweis
Vorgriffszeit	decimal
Sicherheitszeit	decimal
Plan–Starttermin	date
Plan–Endtermin	date
Plan–Auftragsdurchlaufzeit	decimal
Soll–Preis	decimal
Währung des Soll–Preises	Verweis
Fertigungsstätte	Verweis
Fertigungsstückliste	Verweis
Kundenangebot/-auftrag	Verweis
an_dat	date
an_log	char(15)
la_dat	date
la_log	char(15)

Tabelle 2.10: Attribute — Fertigungsauftrag

Attribute	Datentyp
Kalkulationsschemakürzel	char(4)
Bezeichnung	char(40)
Information	char(100)
Warengruppe	Verweis
Kalkulationsschemapositionen	Verweis
an_dat	date
an_log	char(15)
la_dat	date
la_log	char(15)

Tabelle 2.11: Attribute — Kalkulationsschema

Attribute	Datentyp
Kalkulationsschema	Verweis
Positionsnummer	int
Titel	char(100)
Zuschlagssatz	decimal
Prozeßkostensatz	decimal
Zeilentyp	char(1)
Preisliste	Verweis

Tabelle 2.12: Attribute — Position eines Kalkulationsschemas

Kapitel 3

Implementierung

Dieses Kapitel beschäftigt sich mit der Implementierung von Prototypen zwei ausgewählter Modulen des PPS–Systems. Sie sollen als Beschreibung der Vorgehensweise und Vorlage für die Implementierung von zwei charakteristischen Modulgruppen einer modernen Software–Applikation dienen.

In dem ersten Abschnitt wird die verwendete Sprache zur Definition einer Software–Applikation in groben Zügen erläutert. Dies ist erforderlich, um danach zur Implementierung des ersten Moduls übergehen zu können.

Das zweite Teil dieses Kapitels erzeugt mit Hilfe eines Codegenerators die notwendige Anwendungslogik und die erforderlichen Masken eines Moduls der Gruppe der Stammdaten. Zu diesem Zweck wurde der Arbeitsplatzstamm ausgesucht, weil dieser mit mehreren Queverbindungen zu anderen Modulen in seiner Implementierung einigermaßen anspruchsvoll ist.

Das dritte Teil des Kapitels zeigt die Codierung eines Moduls der zweiten Modulgruppe — die Gruppe der Bewegungsdaten. In diesem Fall wurde die Primärbedarfsauflösung gewählt, weil die in dieser PPS–Funktionalität zu lösende Aufgabe lediglich Daten aus den schon vorhandenen Stücklisten benötigt und weitesgehend auf einer handprogrammierten Implementierung — im Gegensatz zur Programmerzeugung durch einen Codegenerator — basiert.

Nach der Implementierung der beiden Module wurde ihr Aufruf in die Menüstruktur von OMEGA eingefügt, um sie für die Verwendung durch den Enduser freizugeben. Weil dieser Schritt nicht so umfangreich ist, wird er zur besseren Übersicht an dieser Stelle erläutert.

Die Verwaltung des Menüsystems von OMEGA erfolgt mit dem *menu designer* innerhalb des grafischen Development–Workbenchs, wie es in der Abbildung 3.1 auf der nächsten Seite zu sehen ist.

In dem Bildschirmabzug ist auf der linken Seite die definierte Menüstruktur in einem eigenen Fenster zu erkennen. In ihr lassen sich mit den links unten angeordneten Knöpfe die vorhandenen Strukturen pflegen oder neue hinzufügen.

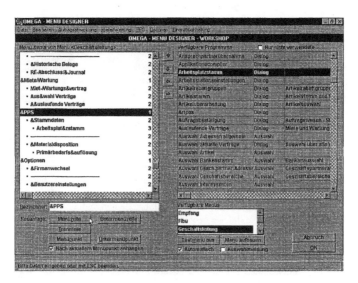

Abbildung 3.1: Verwaltung des Menüsystems

Das zweite große Fenster auf der rechten Seite listet alle Programme auf, die für ihre Verwendung und Aufruf im Menüsystem freigegeben wurden. Diese werden den auf der linken Seite eingerichteten Menüpunkten zugewiesen, um den Start des entsprechenden Programms bei Menüwahl zu veranlassen.

Mit dem kleinen Auswahlfenster, das rechts unten plaziert ist, läßt sich eins aus den mehreren in OMEGA definierten Menüsystemen wählen, um an diesem die gewünschten Änderungen vorzunehmen. Auf die Art und Weise kann jedem Anwender, abhängig von seinen Zugriffsrechten im PPS–System, eine eigene Menüstruktur zugewiesen werden, damit dieser nur die für ihn vorgesehenen Module aufrufen kann, und nicht andere.

Die im Rahmen der Diplomarbeit eingerichtete Menüstruktur wird in der Abbildung 3.2 auf der nächsten Seite dargestellt.

3.1   Die eingesetzte ADL-Sprache

Eine Sprache zur automatisierten Generierung von Programmcode bedeutet in den meisten Fällen eine wichtige Zeitersparnis und eine organisierte Wiederverwendung von Programmteilen, was in einer erkennbaren Produktivitätssteigerung mündet.

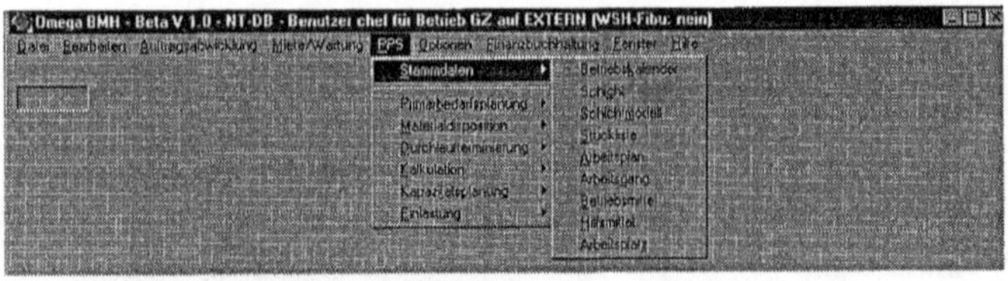

Abbildung 3.2: Menüstruktur für das PPS–System

Dies war der wichtigste Beweggrund für databrain EDV, eine solche
Sprache für die Entwicklung von OMEGA zu wählen, ja sogar selber zu
schreiben. Der zur Übersetzung der ADL–Sprache verwendete Compiler
trägt den Namen *Adl.*

Diese ADL–Sprache wurde schon vor Jahren entwickelt und im Laufe
der Zeit verbessert, so daß sie heute zu einer sehr mächtigen — und auch
komplexen — Sprache geworden ist. Sie an dieser Stelle im Detail zu beschreiben und analysieren würde viel Aufwand und Zeit mit sich bringen,
das Thema würde sogar reichen, um eine eigene Diplomarbeit zu füllen.

Ein Schimmer ihrer Mächtigkeit kommt in dem im nächsten Abschnitt
erklärten Modul zum Vorschein.

So wird zu diesem Zeitpunkt eine einfach gehaltene Version der Syntax der eingesetzten ADL–Sprache abgedruckt und erst gemeinsam mit der
schrittweisen Beschreibung der ADL–Datei zur Generierung des Arbeitsplatzmoduls im nächsten Abschnitt erläutert. Diese Vorgehensweise erscheint sinnvoll, damit an dieser Stelle nicht unnötigerweise mit abstrak-
ten Begriffen jongliert wird, sondern der Leser die Sprache gleich bei ihrer
Verwendung kennenlernen und besser verstehen kann.

```
File: genadl.syn    - Syntax fr Application-Description-Language

APPLICATION ::= {
                | [ PROGTYPES ] | [ FRAGORDER ]
                | [ procedure PROCEDURE ] | [ fragment FRAGMENT ]
                | [ trigger TRIGGER ] | [ keyevents KEYEVENTS ]
                | [ OBJECTDEF ]
                | [ sstates SSTATELIST ]
                | [ wstates WSTATELIST ]
                | program PROGRAM
                }
Semantik:
                                Einbau   Verwendung
OBJECTDEF:
        Declaration eines Objects    DECS    bei Bezugnahme
PROGTYPES:
        Direktive - alle folgenden Elemente werden den angegebenen
        Programm-Typen zugeordnet.
```

```
FRAGORDER:                              DEFS    Generator-Direktive
                  Definiert den Aufbau eines Sourcefiles.
                  Fr jeden passenden Fragorder-Eintrag wird nach dem Parsen
                  eines PROGRAM-Statments ein Sourcefile mit Namen
                      <filename>.<suffix> generiert. Die Fragmentnamen be-
                  stimmen die Reihenfolge der Source-Fragmente im File.
PROCEDURE:
                  Definition einer Procedure DEFS    alle folg. Programme
FRAGMENT:
                  Definition eines Source-Fragments
                                             DEFS    alle folg. Programme
TRIGGER:          Definition eines Triggers  DEFS    alle folg. Programme
KEYEVENTS:
                  Definition eines Keyeventrs DEFS   alle folg. Programme
PROGRAM:          Definition eines Programms  DEFS   Generiert alle Sourcen
                                                     entsprechend FRAGORDER
STATLIST:         Compilerdirektive: Default WSTATLIST bzw SSTATLIST,
                      falls im Programm nicht angegeben.

OBJECTDEF   ::= define object OBJDEF

OBJDEF      ::=     <<leer>>
                    SELECTS
                      program PROGRAM
                    | join JOIN
                    | browser BROWSER
                    | rcc RCC
                    | rcs RCS
                    | choose CHOOSE
                    | button BUTTON
                    | fieldgrp FIELDGP
                    | folder FOLDER
                    | page PAGE

OBJDEFUSE   ::=     {
                      OBJECTUSE
                    | OBJDEF USEKEY SZUSTAND
                    }

OBJECTUSE   ::= {[ [ insert ] object <objname> USEKEY SZUSTAND ]}

USEKEY      ::= [ key KEYLST ]

JOIN        ::= <joinname> SELECTS end join

SELECTS     ::= { select [ from ] TABLIST [ query <queryname> ] }

TABLIST     ::= <table> [ <alias> [ <wtname> [ <makroname> ]]]
                    CONDITION
                    [{ , TABLIST }]

CONDITION   ::= {
                    [ of TABBUF ]
                    [ [ use ] keys KEYLST ]
```

```
                      [ where <whereclause> ]
                      }

OBJSPEZ      ::= {[
                      SELECTS
                        title <title>
                      | size <x> by <y>
                      | position <x> , <y>
                      | lines <n>                    ; default 5
                      | format <picture>
                      | label <label>
                      | clabel <label>
                      | slabel <label>
                      | help <helptext>
                      | native <nativespez>
                      | show <stringexpression>
                      | values LABVALBLK
                      ]}

PROGRAM      ::= OBJSPEZ <filename> <kurzname>
                      PRGTYP
                      {
                      | [ fragment FRAGMENT ]
                      | [ trigger TRIGGER ]
                      | [ procedure PROCEDURE ]
                      | [ keyevent KEYEVENTS ]
                      | [ sstates SSTATELIST ]
                      | [ wstates WSTATELIST ]
                      | OBJDEFUSE
                      }
                      end program

BROWSER      ::= <browsername>
                      OBJSPEZ OBJDEFUSE
                      ({ OBJDEF USEKEY SZUSTAND } OBJECTUSE )
                      [ fields FIELDGRP ]
                      [ separators ]
                      end browser

RCC          ::= <rccname> DATATYPE OBJSPEZ
                      OBJDEFUSE
                      end rcc

RCS          ::= <rcsname> OBJSPEZ
                      OBJDEFUSE
                      end rcs

CHOOSE       ::= <choosename> <choose-funktion> OBJSPEZ end choose
BUTTON       ::= <buttonname> OBJSPEZ
                      apply <eventblock>
                      | call <procedureblock>
                      end button

FIELDGRP     ::= <fieldgrpname> OBJSPEZ MEMBERS end
```

```
FOLDER        ::= <foldername> OBJSPEZ MEMBERS end
PAGE          ::= <pagename> OBJSPEZ MEMBERS end

LABVALBLK     ::= <label>,<value> { [ , LABVALBLK ] }

KEYLST        ::= TABBUF.<keyname> [ identifies <alias> ] [{ , KEYLST }]

PRGTYPE          ::= stdstamm | stdauswahl | kleinstamm
PROGTYPE      ::= progtype any
                 | progtyp PRGTYPE [{ , PRGTYPE }]

PROCEDURE     ::= <procedure-name> { <text> } end [ procedure ]

TRIGGER       ::= <trigger-name> { <trigger-text> } end [ trigger ]

FRAGMENT      ::= <fragname> { <deftext> } end [ fragment ]

KEYEVENTS     ::= keyevents { KEYEVENT }

KEYEVENT      ::= WZUSTAND <keylabel> LABELTEXT FUNCTIONNAME

FRAGORDER     ::= fragorder <fragordername> <suff>
                     <fragname> { , <fragname> } end [ fragorder ]

ZUSTAND       ::= { <<leer>>
                   | s | c | n | f | any
                   | sfoke | nfoke | cfoke | ffoke | anyfoke
                   }

SZUSTAND      ::= ZUSTAND | HIDDEN | STATELISTE
WZUSTAND      ::= ZUSTAND | STATELISTE
HIDDEN        ::= [ h ]
STATELISTE    ::= [ foke ] <state> [ STATELISTE ]
MEMBERS       ::= {
                      OBJDEF USEKEY SZUSTAND
                    | OBJECTUSE
                    | LOCAL
                    | DBFLD
                    }

LOCAL         ::= <fieldname> DATATYPE ITEMSPEZ
DBFLD         ::= TABBUF.<fieldname> ITEMSPEZ

TABBUF        ::=  <tabname> | <alias>

ITEMSPEZ      ::= SZUSTAND WSPEZ OBJSPEZ

SSTATELIST    ::= STATELIST

WSTATELIST    ::= STATELIST

STATELIST     ::= { <statname> <statlabel> [ , STATELIST ]

WSPEZ         ::= <<leer>> |
```

```
| radioset DIRECTION
| togglebox
| combobox
| editor <x> by <y>
| text
| navigatel USEKEY [ call 'nativecall' ] end

DATATYPE    ::= like <prototype> | int | log | dec | date | char
```

3.2 Der Arbeitsplatzmodul

Der Modul zur Verwaltung der Arbeitsplatzdaten ist dafür zuständig, den
Benutzer bei der Neueingabe ins System, der Suche, der Änderung und dem
Löschen von Arbeitsplätzen im System zu unterstützen. Ebenfalls soll die
Definition der Beziehungen zu den anderen Modulen sowie die Eingabe der
von ihnen gespeicherten Daten benutzerfreundlich ermöglicht werden. Zu
diesen Modulen zählen der Mitarbeiter-, der Betriebsmittel-, der Artikel-,
der Einheitenstamm und das Schichtmodell.

Nun wird die Entstehung dieses Moduls im Detail beschrieben.

Wie bereits erwähnt wurde der Modul zur Pflege der Arbeitsplatzdaten
als ADL–Datei implementiert und anschließend mit dem *Adl*–Programm
generiert.

Die von diesem Programm erzeugten Dateien werden nicht in der vorliegenden Arbeit abgedruckt, vor allem weil sie sehr umfangreich und auch
schwer verständlich sind, wie in der Regel bei automatisch generierten Sourcecodes der Fall ist.

Damit der Leser sich aber einen Eindruck von der Mächtigkeit dieses
Tools verschaffen kann, sei hier angemerkt, daß aus der weiter unten aufgeführten Eingabedatei mit 182 Zeilen zur Definition des Arbeitsplatzmoduls *Adl* eine Quellcode–Datei mit 2835 Zeilen erzeugt hat.

Die folgende Datei zur Anwendungsdefinition implementiert den Modul
zur Verwaltung der Arbeitsplatzstammdaten:

```
# Arbeitsplatzstamm-Modul

progtyp stdstamm
program title "Arbeitsplatzstamm" apz aplatz stdstamm # {

# Haupt-Select der Hauptmaske
select from aplatz      bapz    eb1,
            schmod      bschm   b2  eb11
                        key bapz.schm identifies bschm

# Browser zur Arbeitsplatzauswahl mittels F2
browser stdauswahl
        lines 15 size 750 by 400
```

```
        title "Arbeitsplatzauswahl"
        fieldgrp wahlgrp
           bapz.apz
           bapz.apzbez          clab "Bezeichnung"        format "x(30)"
           bapz.standort        clab "Standort"           format "x(30)"
           bapz.kstelle         clab "Kostenstelle"       format "x(30)"
           bschm.schmbez        clab "Schichtmodell"      format "x(30)"
           end fieldgrp
        separators
end browser


# Hauptmaske "Arbeitsplatzstamm"
fieldgroup   fapz title "Arbeitsplatzstamm" # {
# Felder in Maske. Feld erhaelt Focus bei s-search, c-change, n-new
c-dmmy char      -    -    -    f  size 2 by 2            slab -
             help "Blaettern oder weitere Moeglichkeiten mit TAB ..."
bapz.apz         s    -    n
bapz.apzbez      s    c    n
bapz.standort    s    c    fc
bapz.kstelle     s    c    -

# Combobox "Schichtmodell"
rcc schmbez like 'schmod.schmbez' lines 5 slabel "Schichtmodell"
        show 'schmod.schmbez'
        select from schmod
end rcc key bapz.schm c

bapz.apzinfo     s    c    -         editor 30 by 4
bapz.ruestkost   -    c    -

# Combobox "Einheit Ruestkostensatz"
rcc rseinh like 'einheit.einhsbez' lines 5 slabel "pro"
        show 'einheit.einhsbez'
        select from einheit
end rcc key bapz.rseinh c

bapz.stundsatz   -    c    -

# Combobox "Einheit Bearbeitungskostensatz"
rcc bseinh like 'einheit.einhsbez' lines 5 slabel "pro"
        show 'einheit.einhsbez'
        select from einheit
end rcc key bapz.bseinh c

bapz.lgrad       -    c    -
bapz.lopt        -    c    -

# Combobox "Einheit optimale Leistung"
rcc loeinh like 'einheit.einhsbez' lines 5 slabel "pro"
        show 'einheit.einhsbez'
        select from einheit
end rcc key bapz.loeinh c

bapz.maxeps      -    c    -
```

```
bapz.mineps      -    c    -
bapz.tolgrenze   -    c    -
bapz.an_dat      -    -    -        text
bapz.an_log      -    -    -        text
bapz.la_dat      -    -    -        text
bapz.la_log      -    -    -        text


# Folder unten in Maske
folder faplatzfol size 740 by 140 position 5,288    # {
page ffolapg label "APZ-&Gruppe" # {
    browser brw-apg title "Arbeitsplatzgruppenmitglieder"
        lines 6 # size 750 by 100 position 4,4
        help "Arbeitsplaetze in der Arbeitsplatzgruppe"
        select from apzgru bapg      key bapg.apzg ident bapz,
                    aplatz bcapz     key bapg.apz ident bcapz,
                    schmod bcschm    key bcapz.schm ident bcschm
            fields fg-apg
                bcapz.apz
                bcapz.apzbez     clab "Bezeichnung"     format "x(30)"
                bcapz.standort   clab "Standort"        format "x(25)"
                bcapz.kstelle    clab "Kostenstelle"    format "x(20)"
                bcschm.schmbez   clab "Schichtmodell"   format "x(30)"
                end fields
            separators
        end browser                                    -   -   -    f
end page # }


page ffolsti label "&Stillstandzeit" # {
    browser brw-sti title "Stillstandzeit"
        lines 6 # size 750 by 100 position 4,4
        help "Stillstandzeiten des Arbeitsplatzes"
        select from apzstill bsti     key bsti.apz ident bapz
        fields fg-sti
            bsti.stibeginn      clab "Beginndatum"
            bsti.stiende        clab "Endedatum"
            bsti.stiinfo        clab "Begruendung" format "x(70)"
            end fields
        separators
    end browser                                        -   -   -    f
end page # }


page ffolbm label "&Betriebsmittel" # {
    browser brw-bm title "Betriebsmittel"
        lines 6 # size 750 by 100 position 4,4
        help "Dem Arbeitsplatz zugeordnete Betriebsmittel"
        select from apzbm bapzbm     key bapzbm.apz ident bapz,
                    anlage banl      key bapzbm.anlage ident banl
        fields fg-bm
            banl.anlnr      clab "Anl.-Nr."
            banl.anlbez     clab "Bezeichnung"
            banl.anlinfo    clab "Informationen"     format "x(40)"
            end fields
        separators
    end browser                                        -   -   -    f
```

```
end page # }

page ffolhm label "&Hilfsmittel" # {
    browser brw-hm title "Hilfsmittel"
        lines 6 # size 750 by 100 # position x,y
    help "Hilfsmittel am Arbeitsplatz - Bearbeiten mit RETURN ..."
        select from
                apzhm bapzhm        key bapzhm.apz ident bapz,
                asta basta          key bapzhm.asta ident basta,
                hersteller bherst   key basta.hersteller ident bherst,
                wagrusta bwagru     key basta.wagru ident bwagru
            fields fg-hm
                basta.artnr         clab "Artikel-Nr."
                basta.artmc1
                bherst.herbez       clab "Hersteller"    format "x(20)"
                bwagru.wagrubez     clab "Warengruppe"   format "x(20)"
                basta.ean
                end fields
            separators
        end browser                                 -   -   -   f
end page # }

page ffolma label "&Mitarbeiter" # {
    browser brw-ma title "Mitarbeiter"
        lines 6 # size 750 by 100 # position x,y
    help "Mitarbeiter im Arbeitsplatz - Bearbeiten mit RETURN ..."
        select from apzma bapzma    key bapzma.apz ident bapz,
                    ben bben        key bapzma.ben ident bben
            fields fg-ma
                bben.persnr         clab "Personal-Nr."
                bben.logname        clab "Benutzer"
                bben.benzeich       clab "Kurz"
                bben.benbez         clab "Bezeichnung"
                end fields
            separators
        end browser                                 -   -   -   f
end page # }
end folder # }
end fieldgroup # }


# Rahmen fuer optische Gruppierung
fragment zusatzvars
'{rectdef.i rec-1 rec-2}
def var c-pz1 as char format "x" no-undo init "%".
def var c-pz2 as char format "x" no-undo init "%".
def var c-pz3 as char format "x" no-undo init "%".
def var c-pz4 as char format "x" no-undo init "%".
&scop frm_fapz_end      rec-1 at x 0 y 0    rec-2 at x 0 y 0 ~
                        c-pz1 at x 1 y 1 no-label view-as text ~
                        c-pz2 at x 1 y 1 no-label view-as text ~
                        c-pz3 at x 1 y 1 no-label view-as text ~
                        c-pz4 at x 1 y 1 no-label view-as text
' end fragment
```

```
# Automatische Anzeige der "%"-Texte.
procedure enable_ui_auto
'display c-pz1 c-pz2 c-pz3 c-pz4 with {&froot}.
' end procedure

end program # }
```

Die erste Zeile definiert den Programmtyp, in diesem Fall bedeutet stdstamm, daß dieser Modul ein Standard–Stamm ist. Weitere Möglichkeiten sind u.a. kleinstamm und stdauswahl.

Die nächste Zeile gibt dem Modul einen Titel und deklariert weitere Kürzel.

Danach wird die SQL–Anweisung definiert, mit der die Daten für die Hauptmaske des Moduls selektiert werden können. Sie wird verwendet, um die Datensätze der dort angegebenen Tabellen für ihre Bearbeitung zu finden. Im Zuge dieser Definition werden u.a. erforderliche buffers (Variablen) deklariert und Fremdschlüsselbeziehungen angegeben, über die *joins* zu anderen Tabellen in der Datenbank stattfinden können.

Im folgenden Block erfolgt die Definition eines browsers, mit dem vorhandene Arbeitsplätze schneller gefunden werden können, um anschließend weiterverarbeitet zu werden. Ein Bildschirmabzug dieses Browsers ist in der Abbildung 3.3 auf der nächsten Seite dargestellt.

Die Programmteile für die Anlage, Suche, das Ändern und Löschen eines Tabelleneintrags werden automatisch erzeugt und brauchen keiner expliziten Anweisungen in der ADL–Datei, da sie keine Dialogfenster für ihre Ausführung brauchen; sie werden in der Hauptmaske durchgeführt.

Nun wird die Hauptmaske des Moduls definiert. Nach Angabe des Fenstertitels und eines Kürzels werden die Felder in der richtigen Reihenfolge mit ihren Eigenschaften deklariert. Die Eigenschaften der Tabellenfelder geben an, in welchen Situationen das entsprechende Bildschirmfeld bzw. Maskenobjekt den Focus (das heißt die Möglichkeit, seinen Inhalt zu bearbeiten) erhalten soll.

Ein n bedeutet dabei, daß das Feld bei Neuanlage („new") eines Datensatzes im ersten Schritt den Focus erhält. In dem zweiten Anlageschritt können dann die Daten für den Rest der Felder eingegeben werden.

Ein c steht für „change" und erlaubt das Verändern des Feldinhalts während einem Änderungsschritts.

Analog verhält es sich mit der Eigenschaft s („search"); sie hat zur Folge, daß in dieses Feld ein Wert eingegeben werden darf, um die Suche nach einem bestimmten Datensatz zu erleichtern.

Schließlich bedeutet fc, daß dieses Feld den Focus nach einer Neuanlageaktion erhält.

Die in Frage kommenden Objekte, für die Eigenschaften definiert werden können, sind beispielsweise normale Eingabefelder, nur Textfelder, Combo-

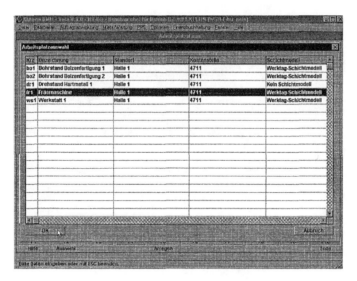

Abbildung 3.3: Browser zur Arbeitsplatzauswahl

boxen, Radiosets, Folder etc.

An dieser Stelle ist zu vermerken, daß die eingesetzte ADL–Sprache noch keine Möglichkeit bietet, das Layout der Maske genau zu definieren. Es ist zwar möglich, die Größe der Maskenobjekte anzugeben, ihre exakte Position aber nur in seltenen Fällen. Dieses Manko macht leider erforderlich, nachträglich den Layout–Manager von PROGRESS® anwenden zu müssen, um die Objekte in ihren endgültigen Positionen plazieren zu können.

Die soeben beschriebene Hauptmaske des Arbeitsplatzmoduls kann in der Abbildung 3.4 auf der nächsten Seite betrachtet werden.

Als ein Beispiel für die deklarierten Fremdschlüsselbeziehungen sei an dieser Stelle auf die drei Comboboxen rechts oben in dem Hauptfenster hingewiesen. Sie referenzieren jeweils auf das Einheitensystem, um die gewünschte Zeiteinheit für die Rüstkosten und den Bearbeitungskostensatz sowie die richtige Einheit für die optimale Leistung des gewählten Arbeitsplatzes festzulegen.

Mit der gleichen Technik wird einem Arbeitsplatz das gewünschte Schichtmodell zugewiesen. Wird als Schichtmodell der Eintrag „Kein Schichtmodell" angegeben, so tritt für diesen Arbeitsplatz das Default–Schichtmodell in Kraft.

Das in der Hauptmaske zuletzt definierte Objekt ist das Folder, das in

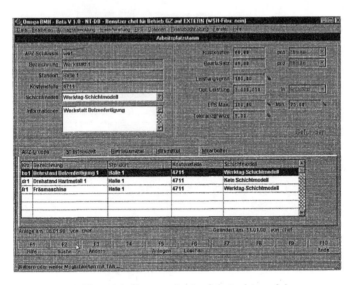

Abbildung 3.4: Hauptmaske des Arbeitsplatzmoduls

der unteren Hälfte der Maske zu sehen ist. In diesem Folder wurden fünf
Laschen definiert, die wichtige Informationen zu dem in der oberen Hälfte
angezeigten Arbeitsplatz auflisten.

Die erste führt Arbeitsplätze auf, falls der oben gewählte Eintrag eine
Arbeitsplatzgruppe ist; das heißt daran wird eine Arbeitsplatzgruppe erkannt.

In diesem Fall ist die Anwendungslogik bzw. der Benutzer dafür
zuständig, richtige Werte für Felder wie Rüstkosten, Bearbeitungssatz, MA-
XEPS, MINEPS usw. zu errechnen bzw. einzugeben.

Die zweite Lasche in dem Folder erlaubt die Eingabe von Stillstandzeiten für einen bestimmten Arbeitsplatz. Diese Daten können jederzeit von
Benutzer angelegt (auch zum Beispiel bei kurzfristigem Maschinenausfall),
verändert und gelöscht werden.

Die Abbildung 3.5 auf der nächsten Seite zeigt die entsprechende Seite
des Folders zur Verwaltung von Stillstandzeiten. Wie an der ersten Spalte
der Liste zu erkennen ist, werden die neuesten Ereignisse *zuerst* angezeigt,
um sie auf keinen Fall zu übersehen, denn die sind am wichtigsten. Diese
Sortierung wird durch das Schlüsselwort **descending** bei der Definition der
Tabelle zur Speicherung der Stillstandzeiten in der entsprechenden SSDL–
Datei erzielt.

Beginndatum	Endedatum	Begründung
31.12.1997	02.01.1998	Inventur
30.11.1997	30.11.1997	Wartung
13.08.1997	19.08.1997	Keine passenden Bohrer mehr
25.06.1997	27.06.1997	Bohrkopf geplatzt

Abbildung 3.5: Stillstandzeiten eines Arbeitsplatzes

Die dritte Lasche in dem Folder listet die Betriebsmittel auf, die dem Arbeitsplatz zugeordnet wurden. Eine solche Beispielzuordnung ist in der Abbildung 3.6 dargestellt.

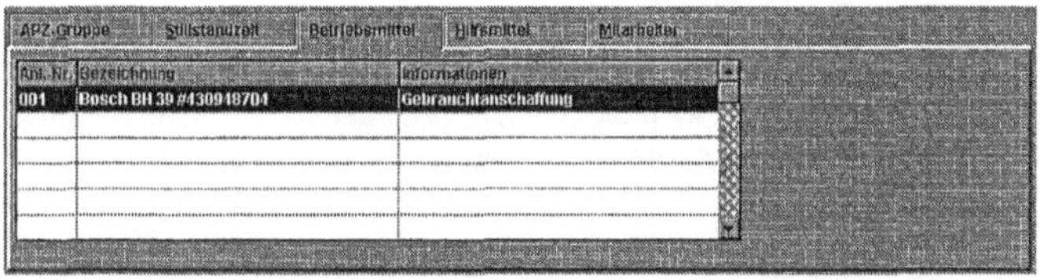

Abt. Nr.	Bezeichnung	Informationen
001	Bosch BH 39 #430918704	Gebrauchtanschaffung

Abbildung 3.6: Betriebsmittel an einem Arbeitsplatz

Analog den Betriebsmitteln sind in der vierten Seite die Hilfsmitteln zu sehen, die für den reibungslosen Betrieb der eingesetzten Betriebsmitteln und dadurch des gesamten Arbeitsplatzes sorgen. Die Abbildung 3.7 zeigt eine Auflistung von Hilfsmitteln.

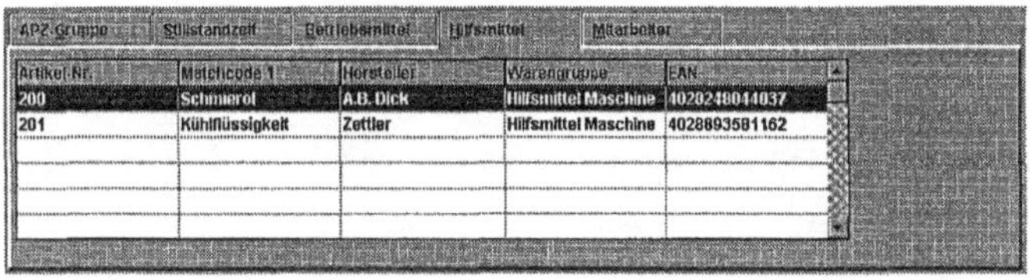

Artikel Nr.	Materialcode 1	Hersteller	Warengruppe	EAN
200	Schmierol	A.B. Dick	Hilfsmittel Maschine	402024804037
201	Kühlflüssigkeit	Zettler	Hilfsmittel Maschine	402889358162

Abbildung 3.7: Hilfsmittel an einem Arbeitsplatz

In der letzten Lasche des Folders der Arbeitsplatzmaske kann der Anwender einem bestimmten Arbeitsplatz den oder die Mitarbeiter zuweisen, die dort arbeiten. Dafür müssen die in Frage kommenden Mitarbeiter bereits im System definiert sein. Eine Liste von Mitarbeitern ist in der Abbildung 3.8 auf der nächsten Seite dargestellt.

Die notwendige Anwendungslogik zur Eingabe und Pflege der in dem

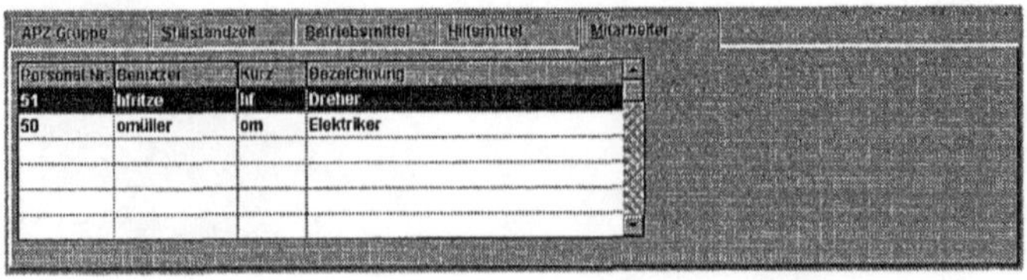

Abbildung 3.8: Mitarbeiter in einem Arbeitsplatz

gerade beschriebenen Folder enthaltenen Daten ist in dem vorliegenden Prototyp allerdings noch nicht vorhanden, weil sie sehr stark auf die jeweiligen entsprechenden Programm–Module aufbaut, welche zum jetzigen Zeitpunkt auch nicht implementiert sind.

Die letzten Blöcke der ADL–Datei definieren die Linien zur Gruppierung von Objekten in der Maske, die %–Zeichen hinter den Prozentfeldern rechts oben und eine Prozedur zu ihrer Anzeige, zum Teil unter Verwendung der Include–Möglichkeiten der Sprache.

3.3   Primärbedarfsauflösung

Der Prototyp des Moduls für die Durchführung der Primärbedarfsauflösung wurde vollständig direkt in der 4GL–Sprache von PROGRESS® geschrieben. Module wie diesen, die auf keiner Standard–Verarbeitung von Information basieren, lassen sich schwer durch einen Codegenerator wie der *Adl* erzeugen.

Die folgende Datei enthält den Sourcecode für die Primärbedarfsauflösung.

```
/* Programmlogik zur Primaerbedarfsaufloesung */

def parameter buffer bparslk for asta. /* Arg.: STL-Kopf/Artikel */

/* Temp-Table fuer Kumulierung der Teilemengen und zur Anzeige */
def work-table wfa no-undo
    field    artnr      like asta.artnr
    field    slnr       like asta.slnr
    field    einhsbez   like asta.geinh
    field    menge      like slp.slmenge init 0 .

def var c-erg as char no-undo init "" .  /* Variable: Ergebnis */

/* STL vorhanden? Ist Argument eine STL? */
if not avail bparslk or bparslk.isstcklst <> yes then do:
    message "Aufloesung nicht moeglich. Stueckliste nicht gefunden!".
    return ?.
end.
```

```
/* Primaerbedarfsaufloesung mit Mengenfaktor 1 f. STL-Kopf starten */
run aufloes_r(buffer bparslk,1).

/* Ergebnisliste fuer Ausgabe aufbereiten */
for each wfa no-lock:
    /* Artikelbezeichnung aus Tabelle "astatext" holen */
    find first astatext where astatext.artnr = wfa.artnr
                         and astatext.slnr = wfa.slnr
                         and astatext.arttxttyp = "B" no-lock.

    /* Ergebnisliste aufbereiten */
    c-erg = c-erg +
        trim(string(wfa.menge,">>>,>>>,>>9.99")) + chr(9) +
        wfa.einhsbez + chr(9) + wfa.artnr + "/" + string(wfa.slnr) +
        chr(9) + astatext.arttxt + chr(10).
end.

/* Ergebnisliste in Fenster anzeigen */
run pd_edits.p(c-erg,?,?,"Primaerbedarfsaufloesung fuer Artikel " ~
                    + bparslk.artnr,no).

/* Rekursive Prozedur zur Primaerbedarfsaufloesung
   mit 2 Aufrufparameter
*/
procedure aufloes_r:
def parameter buffer bslk for asta. /* Arg. 1: STL-Kopf      */
def input parameter multi            /* Arg. 2: Mengenfaktor */
    like slp.slmenge no-undo.        /*         fuer STL-Kopf */
def buffer bslp for slp.             /* STL-Position          */
def buffer basta for asta.           /* Artikel in STL-Pos.   */

/* Schleife ueber alle direkten Kinder von STL-Kopf bslk   */
for each bslp where bslp.partnr = bslk.artnr
                and bslp.pslnr = bslk.slnr no-lock:
    find basta of bslp no-lock no-error.
    if not avail basta then next.

    /* gefundenes Teil mit Menge in Temp-Table speichern */
    run register(buffer bslp,buffer basta,multi).

    /* Falls STL-Position wiederum eine eigene STL ist,
       dann verzweigen mittels rekursivem Aufruf */
    if basta.isstcklst = yes then
        run aufloes_r(buffer basta,multi * bslp.slmenge).
    end.
end procedure.

/* Zeile der Ergebnisliste in Temp-Table speichern */
procedure register:
def parameter buffer bslp for slp.   /* Arg. 1: STL-Position  */
def parameter buffer basta for asta. /* Arg. 2: Art. in STL-Pos */
def input parameter multi            /* Arg. 3: Mengenfaktor  */
    like slp.slmenge no-undo.
```

```
/* Richtige Stelle in Temp-Table suchen */
find first wfa
    where   wfa.artnr = bslp.artnr
    and     wfa.slnr = bslp.slnr
    exclusive-lock no-error.

/* Temp-Table anlegen, falls nicht vorhanden */
if not avail wfa then do:
    create wfa.
    assign wfa.artnr = bslp.artnr
           wfa.slnr = bslp.slnr
           wfa.einhsbez = basta.geinh.
end.

/* Uebergebene Menge kumulieren */
assign wfa.menge = wfa.menge + (bslp.slmenge * multi).
end procedure.
```

Die erste Zeile des Moduls definiert den Aufrufparamter. Das Programm muß mit dem Stücklistenkopf als Argument aufgerufen werden, für den die Primärbedarfsauflösung erfolgen soll.

Der Block danach deklariert eine temporäre Tabelle, die verwendet wird, um die während der Auflösung berechneten Zwischenergebnissen zu speichern und bis zu ihrer Anzeige aufzuheben.

Als nächstes wird, nachdem eine Variable zur Aufnahme des Ergebnisses definiert wird, überprüft, ob das an das Programm übergebene Argument vorhanden ist und auch ein Stückliste ist. Ist das nicht der Fall, so wird sofort mit einer Fehlermeldung abgebrochen.

Stimmt der Parameter, so kann dann die rekursive Prozedur aufloes_r aufgerufen werden, die die eigentliche Arbeit leistet. Diese Prozedur, die weiter unten definiert wird, erhält zwei Argumente bei ihrem Aufruf: der Stücklistenkopf der Stückliste, für die die Primärbedarfsauflösung erfolgen soll und der Anfangswert für die Multiplikation der Mengenfaktoren, das ist 1.

Nach dem Beenden der Haupt–Prozedur liegt nun das Ergebnis vor. Jetzt kann die Ergebnisliste in der temporären Tabelle mit den Artikelbezeichnungen vervollständigt werden, die Liste in die Ergebnisvariable geschrieben werden und diese anschließend in dem Ergebnisfenster angezeigt werden.

Hiermit ist die Ausführung der Programmlogik zur Primärbedarfsauflösung beendet; es bleibt nur noch übrig, die verwendeten Prozeduren zu definieren.

Als erstes wird die Hauptprozedur implementiert, die zwei Aufrufparameter hat. Der erste ist der Stücklistenkopf, für den eine Verarbeitung erfolgen soll und der zweite ist der Mengenfaktor dieser Stückliste in der Gesamtstruktur.

Jeder rekursive Aufruf dieser Prozedur bedeutet den Einstieg in die nächsttiefere Stücklistenstufe, in der wiederum für jede Position mit Unterpositionen ein neuer rekursiver Aufruf erfolgt. Auf diese Art und Weise wird die gesamte Erzeugnisstruktur durchwandert und dabei jedes gefundene Teil (Artikel) in die temporäre Tabelle eingetragen — falls nicht schon früher geschehen — und der ihm betreffende Mengenfaktor auf den in der Temp–Tabelle kumuliert.

So enthält diese work-table zum Schluß für jedes gefundene Teil in der obersten Stückliste einen Datensatz mit Artikelnummer und die gesamte Menge des Teils in der Stückliste.

Die Felder Einheit und Artikelbezeichnung werden erst danach in die Tabelle eingefügt.

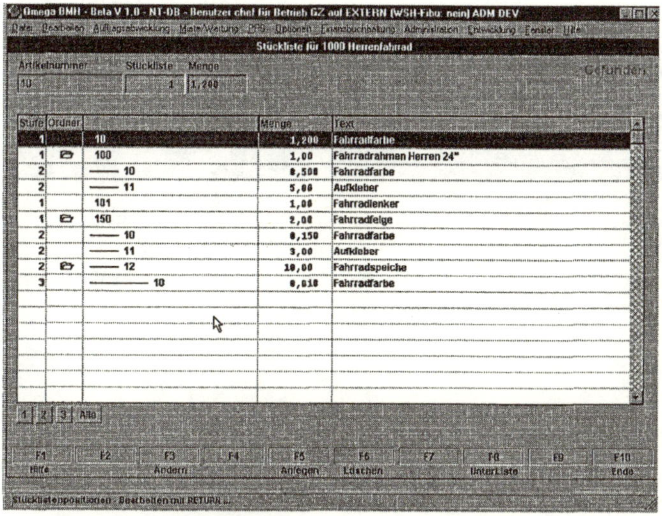

Abbildung 3.9: Beispiel einer Stückliste

Ein Beispiel soll dies verdeutlichen. Für die in der Abbildung 3.9 dargestellten einfachen Stückliste eines Fahrrads mit drei Stufen wird eine Primärbedarfsauflösung durchgeführt.

Das Ergebnis ist in der Abbildung 3.10 auf der nächsten Seite zu sehen. Demnach sind in dem Fahrrad mit der Artikelnummer 1000: 2,20 Liter Fahrradfarbe, 1 Fahrradrahmen Herren 24 Zoll, 11 Aufkleber etc. enthalten.

Bei der Weiterentwicklung von OMEGA wird man dieses Programm zur Primärbedarfsauflösung verfeinern und anpassen müssen, damit die errech-

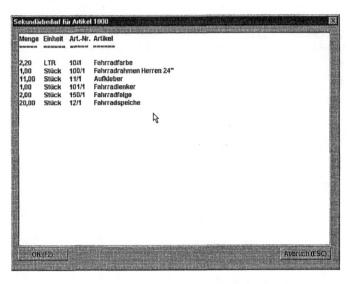

Abbildung 3.10: Ergebnis der Primärbedarfsauflösung

neten Mengen in einem anderen Teil der Materialdisposition effizient weiterverarbeitet werden können.

Kapitel 4

Ausblick

Wie in der Einleitung bereits erwähnt, wurden in dieser Arbeit eine erste Version des Datenmodells und lediglich Prototypen der Stammdatenmodule erstellt. Sowohl das Datenschema als auch die Programmlogik zur Verarbeitung der Daten sind für den professionellen Einsatz in ein komplexes, integriertes Software–Paket wie OMEGA verbesserungs- bzw. erweiterungsbedürftig.

Dieses Kapitel möchte einen Überblick über die Stellen des PPS–Moduls geben, für die ein solches Ausweiten der Funktionalitäten notwendig erscheint, um die gesuchte Produktqualität zu erzielen.

Zu einer Schicht könnten noch weitere Attribute gespeichert werden, die redundante Information bedeuten aber aus Performance–Gründen vorhanden sein sollten; nämlich die Beginn- und die Endezeit der Schicht.

Diese Daten stellen Redundanz dar, weil sie sich aus der Beginnzeit des ersten bzw. aus der Endezeit des letzten Schichtelements ermitteln lassen. Sie erhöhen aber die Systemleistung durch das Sparen von Tabellenzugriffen, da sie vor allem im Rahmen der Durchlaufterminierung, Kapazitätsplanung und des -abgleich sehr oft zugegriffen werden müssen. Die Programmlogik der Anwendung ist dafür zuständig, daß diese Zeiten immer konsistent bleiben und keine Überschneidungen und/oder Lücken gibt.

Wenn die Komplexität des Systems und die an ihm gestellten Anforderungen wachsen, wird es unweigerlich nötig sein, den Artikelstamm von dem Stücklistenstamm zu trennen und zwei verschiedene Relationen zu bilden.

Ferner ist es denkbar, daß dieses Wachstum auch erforderlich macht, in Zukunft aufkommende, spezielle Eigenschaften von Fertigungsstücklisten in einer eigenen Relation zu speichern.

Das selbe wird auf die Fertigungsarbeitspläne zutreffen; fertigungsabhängige Attribute sollten dann in einer eigenen Tabelle verwaltet werden, und nicht in der Arbeitsplantabelle, wie in der vorliegenden Arbeit zur Simplifizierung erfolgt ist.

Ebenfalls mit der Komplexität kann auch die Notwendigkeit steigen, Varianten eines Produkts nicht anhand verschiedener Stücklisten zu speichern, sondern durch raffiniertere Datenstrukturen. Dies würde die Behandlung von Erzeugnisvarianten effizienter und einfacher gestalten.

Teileverwendungsnachweise können durch Denormalisierung und redundante Datenhaltung optimiert werden, in dem diese vom System in einer eigenen Relation geführt und ständig aktuell gehalten werden.

Ebenso können Arbeitsplatzverwendungsnachweise durch einen ähnlichen Denormalisierungsvorgang optimiert werden.

Sollte sich in der Zukunft herausstellen, daß die jetzige Implementierung von Alternativ–Arbeitsplänen nicht flexibel genug ist und unzureichende Möglichkeiten bietet, so sollte die Definition von Alternativ–Arbeitsgängen in Betracht gezogen werden.

Im Gebiet der Maßnahmen zur Durchlaufzeitverkürzung kann das Splitten von Fertigungsaufträgen erweitert werden, in dem das System Daten zu diesem Zweck speichert (beispielsweise einen Spllitungsfaktor pro Fertigungsauftrag oder Arbeitsgang), daraus optimale Werte errechnet bzw. anhand vorgegebener Grenzdaten Vorschläge über effiziente Splittvorgänge macht.

Die Überlappung von Arbeitsgängen kann auch dadurch verbessert werden, daß die Fälle berücksichtigt werden, in denen infolge von einer Überlappung Warte- oder Stillstandzeiten am Folgearbeitsplatz auftreten.

Zur Optimierung der Zuschlagskalkulation empfiehlt es sich, Material-, Fertigungs- und Vertriebs- und Verwaltungskosten zu jeder Stückliste bzw. Stücklistenposition abzuspeichern. Auf diese Art und Weise ist nicht jedesmal erforderlich, diese Kosten für Teile neu zu berechnen, bei denen sich die für die Kalkulation zugrunde gelegten Daten nicht verändert haben.

Um die Ermittlung der Prozeßkosten im Zuge der Prozeßkostenkalkulation zu unterstützen, sollten Datenstrukturen geschaffen werden, die die dafür erforderliche Information sammeln und richtig aufbereitet zur Weiterverarbeitung zur Verfügung stellen.

In dem Gebiet der Stammdaten wird es im multimedialen Zeitalter für sinnvoll erachtet, zu Stücklisten, Betriebs-, Hilfsmittel und evtl. Arbeitsplänen die Möglichkeit der Speicherung von Multimedia–Daten anzubieten. Diese Daten können Bilder, Audio, Video, CAD–Pläne usw. sein, die zum Beispiel den Bauplan oder die Bedienungsanleitung einer komplexen Fertigungsmaschine, die Fertigungszeichnung eines eigengefertigtes Produktes etc. darstellen.

Anhang A

Begriffsdefinition

In vielen Bereichen der Wirtschaftswissenschaften herrscht ein Durcheinander von Begriffen und Definitionen, die die Auseinandersetzung mit einem bestimmten Thema schwer machen. Die Produktionsplanung und -steuerung stellt in dieser Hinsicht keine Ausnahme dar, hier scheint diese Unsitte sogar einen Höhepunkt zu erreichen. Aus diesem Grund ist eine klare und eindeutige Begriffsdefinition unbedingt notwendig, die Begriffe voneinader genau abgrenzt, Überschneidungen vermeidet und eine sinnvolle Namensgebung ermöglicht.

Gerade bei dem Entwurf eines Datenbankschemas ist dies von großer Bedeutung.

Im folgenden werden die Begriffe alphabetisch sortiert definiert. In manchen Fällen sind in Klammern die verwendete Abkürzung oder das Formelzeichen angegeben. Verweise auf andere Einträge in diesem Abschnitt sind mit einem ↪ gekennzeichnet, so verweist zum Beispiel ↪Arbeitsplan auf den Eintrag Arbeitsplan.

Arbeitsfolge Folge von **0..n** ↪Arbeitsgängen mit einer vorgegebenen Reihenfolge.

Arbeitsgang Arbeitsablauf, kleinste Einheit einer Arbeitsanweisung in einem ↪Arbeitsplan.

Ein Arbeitsgang wird manchmal auch *Arbeitsvorgang* genannt.

Arbeitsplan Beinhaltet **0..n** Vorschriften und Arbeitsanweisungen (↪Arbeitsgänge), nach denen die eigengefertigte ↪Teile hergestellt werden.

Ein Arbeitsplan besteht aus einem Kopf- und einem Rumpfteil (mit den ↪Arbeitsgängen).

Arbeitsplatz Ist der räumliche Ort, in dem ↪Arbeitsgänge ausgeführt werden. In einem Arbeitsplatz stehen physisch **0..n** ↪Betriebsmittel und **0..n** ↪Hilfsmittel; ihm sind **0..n** ↪Werker zugeordnet.

Arbeitsplatzgruppe Örtliche, technische und/oder logische Zusammenfassung von 0..n ↪Arbeitsplätzen mit einer hierarchischen Struktur.

Arbeitsvorgang Siehe *Arbeitsgang*.

Artikel Siehe *Erzeugnis*.

Auftragsdurchlaufzeit (ZFA) Zeit, die insgesamt die Bearbeitung eines bestimmten ↪Fetigungsauftrags in Anspruch nimmt.

Sie errechnet sich aus der Summe von ↪Vorgriffszeit (VZ), ↪Durchlaufzeit des ↪kritischen Pfades des dem ↪Fertigungsauftrag zugeordneten ↪Arbeitsplans (ZAP) und ↪Sicherheitszeit (SZ), das heißt:

$$ZFA = VZ + ZAP + SZ$$

Die Maßeinheit der Auftragsdurchlaufzeit ist *Stunden*.

Auftragsfreigabe Ein zuvor fix eingelasteter ↪Fertigungsauftrag wird für die Fertigung freigegeben, d.h. die Arbeitspapiere werden gedruckt und der Auftrag kann zum festgelegten Starttermin physisch angefangen werden.

Auftragszeit (ZAU) Zeit, die insgesamt die Bearbeitung eines bestimmten ↪Arbeitsgangs eines ↪Fetigungsauftrags in Anspruch nimmt.

Die Auftragszeit läßt sich mit folgender Formel berechnen:

$$ZAU = ZR + ZBA$$

Die Maßeinheit der Auftragszeit ist *Stunden*.

Auslastung Eine bereits vorgenommene ↪Einlastung (sei es simuliert oder fix) eines ↪Fertigungsauftrags aufheben, in dem die Eintragungen in das ↪Belastungskonto des betroffenen ↪Arbeitsplatzes zurückgenommen werden.

Baugruppe Teilestruktur, die wiederum aus Baugruppen und/oder ↪Einzelteilen besteht und in ein ↪Erzeugnis eingeht.

Baukastenstückliste Die Baukastenstückliste für einen ↪Teil umfaßt lediglich 0..n Bauteile, die direkt in das betreffenden ↪Teil eingehen, d.h. die aus der nächsttieferen Stufe. Somit ist sie einstufig (vgl. [Gla91, S. 14]).

Ein Bauteil kann wiederum eine Baukastenstückliste sein, um eine mehrstufige, hierarchische Struktur aufbauen zu können.

Bearbeitungszeit Die *Bearbeitungszeit je Einheit* (ZBE) gibt die technologiebedingte Zeit an, die nötig ist, um *eine* Einheit eines bestimmten ↪Teiles zu fertigen.

Ihre Maßeinheit ist *Stunden/Stück*.

Die *Gesamt–Bearbeitungszeit* (ZBA) ist die Zeit, die die Fertigung eines Loses mit der Größe LOSG eines bestimmten ↪Teiles in einem bestimmten ↪Arbeitsgang in Anspruch nimmt.

Ihre Maßeinheit ist *Stunden*.

Die Gesamt–Bearbeitungszeit läßt sich wie folgt berechnen:

$$ZBA = ZBE \times LOSG$$

Die ↪Rüstzeit ist nicht in der Bearbeitungszeit (weder in ZBE noch in ZBA) enthalten.

Bedarfstermin Ist der Termin, an dem der Primärbedarf (entweder als Ergebnis der Eigenfertigung oder des Fremdbezugs) verfügbar sein muß.

Belastungskonto Konto, in dem für mehrere ↪Betriebskalendertage die für einen bestimmten ↪Arbeitsplatz vorgesehenen Arbeitsstunden (Arbeitsvorrat) gespeichert werden.

Das Belastungskonto ist arbeitsplatzbezogen.

Belegungszeit (ZBL) Gesamte Zeit, die ein ↪Arbeitsgang in Bearbeitung an einem bestimmten ↪Arbeitsplatz verbringt.

Die Belegungszeit ist teil- und losgrößenbezogen; ↪Übergangszeiten zählen nicht hierzu.

Die Belegungszeit läßt sich wie folgt berechnen:

$$ZBL = \frac{ZAU}{LG \times TKAP}$$

Die Maßeinheit der Belegungszeit ist *Stunden*.

Betriebskalender Sammelt 0..n ↪Betriebskalendertage einer Periode und ordnet einem jedem ↪Betriebskalendertag 1 ↪Tagesart.

Betriebskalendertag Ein Tag eines Jahres (Kalendertag).

Betriebsmittel Mittel, die für den reibungslosen Betrieb der Fertigung verwendet werden, z.B. Maschinen, Anlagen, Werkzeug usw.

Datenmodell, logisches Das logische Datenmodell — im weitesten Sinne auch konzeptuelles Schema genannt — beschreibt den relevanten Informationsbereich der Problemstellung, insbesondere auch die Gesetzmäßigkeiten, denen die Information unterliegt, das heißt die Informationsstruktur.

Datenmodell, physisches Das physische Datenmodell — auch internes Schema genannt — definiert welche Zugriffspfade für die Haltung und Manipulation der in einer Datenbank verwalteten Daten verwendet werden.

Durchlaufterminierung Das Versehen eines ↪Fertigungsauftrags — und auch aller seiner Arbeitsgänge — mit Start- und Endterminen.

Die Durchlaufterminierung kann *vorwärts* (aus bekanntem Starttermin den Endtermin ermitteln) oder *rückwärts* (aus bekanntem Endtermin den Starttermin ermitteln) durchgeführt werden.

Im Rahmen dieser Arbeit wird nicht funktional zwischen Grob- und Feinterminierung unterschieden, da in beiden Fällen annähernd das gleiche Verfahren zur Berechnung der Terminen verwendet wird.

Durchlaufzeit (ZDL) Gesamtzeit, die ein bestimmter ↪Arbeitsgang eines ↪Fertigungsauftrages in einem vorgegebenen ↪Arbeitsplatz verbringt. Es handelt sich hierbei um die Arbeitsgangsdurchlaufzeit und nicht um die ↪Auftragsdurchlaufzeit.

Die Durchlaufzeit eines Arbeitsgangs in der Fertigungsplanung ist ein Sollwert (Planwert mit entsprechenden Unsicherheiten) und ist arbeitsplatz- und teilbezogen, die Maßeinheit ist *Stunden.*

Die Durchlaufzeit wird mit folgender Formel berechnet:

$$ZDL = REDF \times ZUE + ZBL$$

Einlastung Das Durchführen einer ↪Durchlaufterminierung eines vorgegebenen ↪Fertigungsauftrags *mit* anschließender Ermittlung der ↪Kapazitätsbedarfe und ggf. Kapazitätsabgleich.

Die *simulierte* Einlastung verändert keine Systemdaten und wird verwendet um festzustellen, ob die notwendigen ↪Kapazitäten an den richtigen ↪Arbeitsplätzen verfügbar sind.

Die *fixe* Einlastung geht einen Schritt weiter und nimmt den ↪Fertigungsauftrag in den Planungskonten der Fertigung auf (z.B. in das ↪Belastungskonto des ↪Arbeitsplatzes), um die erforderlichen ↪Kapazitäten für diesen Auftrag vorzubelegen. Die fixe Einlastung ist aber nur eine *Vorbelegung* von Kapazitäten, sie darf nicht mit der ↪Auftragsfreigabe verwechselt werden.

Einlastungsprozentsatz (EPS) Gibt eine Grenze für die ↪Einlastung eines ↪Arbeitsgangs auf einen ↪Arbeitsplatz an.

Der *maximale* Einlastungsprozentsatz MAXEPS besagt, wie viel — über oder unter der ↪Tageskapazität — ein ↪Arbeitsplatz an einem bestimmten Tag bzw. einer bestimmten Periode maximal eingelastet werden kann.

Werden in einer bestimmten Periode auf ein ↪Arbeitsplatz mehr Stunden als die vorgegebene ↪Tageskapazität eingelastet, so steigt der Auftragsbestand in der Fertigung, werden stattdessen weniger eingelastet, sinkt er. Hierdurch kann der maximale Einlastungsprozentsatz als ein Parameter zur Steuerung des Bestands in der Werkstatt benutzt werden.

Der *minimale* Einlastungsprozentsatz MINEPS — der immer kleiner als MAXEPS ist — gibt an, wie viel ein ↪Arbeitsplatz an einem bestimmten Tag bzw. einer bestimmten Periode mindestens eingelastet werden muß.

Der zu einem vorgegebenen ↪Arbeitsplatz A definierten Parameter MINEPS wird überwiegend in den Fällen verwendet, in denen ein bestimmter ↪Arbeitsgang auf eine ↪Arbeitsplatzgruppe — zu der A gehört — eingelastet wurde. In so einer Situation, in der die eingelasteten Stunden auf die ↪Arbeitsplätze der ↪Arbeitsplatzgruppe der Reihe nach verteilt werden, gibt MINEPS an, wieviele Stunden mindestens auf A eingelastet werden müssen, bevor die ↪Einlastung des nächsten ↪Arbeitsplatzes beginnen kann.

Sind für A MAXEPS und MINEPS gleich, so bedeutet dies, daß beim Einlasten einer ↪Arbeitsplatzgruppe zuerst A voll eingelastet werden muß, bevor mit der ↪Einlastung der anderen ↪Arbeitsplätze fortgefahren werden kann.

Die Maßeinheit von beiden Größen ist *1*; mal 100 multipliziert ergibt sich der Wert in Prozent.

Einzelteil Ein ↪Teil, der nicht mehr in weitere Unterteile aufgelöst werden kann, d.h. er besitzt keine Struktur.

Erzeugnis Artikel, Produkt (Endprodukt). Besteht aus **0..n** ↪Baugruppen und/oder **0..n** ↪Einzelteilen.

Erzeugnisstruktur Laut [Kur95, S. 63] definiert die Erzeugnisstruktur die Zusammensetzung eines ↪Erzeugnisses aus seinen Bestandteilen, welche wiederum andere ↪Erzeugnisse, ↪Baugruppen, ↪Teile etc. sein können. Eine Erzeugnisstruktur darf sich selber nicht enthalten, d.h. rekursive Definitionen sind nicht erlaubt.

Erzeugnisstrukturen werden oft als Bäume dargestellt; die Wurzel steht für das ↪Erzeugnis selbst und die Blätter jeweils für ein ↪Teil. Die Kanten des Baumes spiegeln die Struktur des ↪Erzeugnisses wieder und sind mit Zahlen behaftet. Diese Zahlen geben an, wie oft ein Teilbaum in dem nächst höheren enthalten ist, darum heißen sie *Mengenfaktoren*.

Erzeugnisstrukturen werden in einem computergestützten PPS–System mittels ↪*Stücklisten* verwaltet.

Fertigungsauftrag Auftrag an die eigene Fertigung, ein bestimmtes ↪Teil zu fertigen.

Werden mehrere Lose des gleichen ↪Teiles an die Fertigung als Auftrag gegeben, so werden sie nicht gemeinsam als *ein* Fertigungsauftrag behandelt, sondern *jedes Los* wird als ein Fertigungsauftrag angesehen. Dies ist wichtig, um flexibel zu bleiben und das Splitten von Fertigungsaufträgen zu ermöglichen.

Fertigungsauftragsstruktur Soll ein ↪Artikel mit einer mehrstufigen ↪Erzeugnisstruktur gefertigt werden, so müssen zuerst die ↪Teile aus jeder Hierarchiestufe seiner ↪Stückliste einzeln gefertigt oder zugekauft werden (bei evtl. vorausgehender Losbildung im Rahmen der Materialdisposition). Dies resultiert in einer mehrstufigen Struktur von ↪Fertigungsaufträgen, das die ↪Erzeugnisstruktur weitesgehend wiedergibt.

Fertigungsstufe Jede Hierarchiestufe einer ↪Fertigungsauftragsstruktur wird Fertigungsstufe genannt.

Hilfsmittel Mittel, die für den korrekten Betrieb der ↪Betriebsmittel notwendig sind, z.B. Schmiermittel, Leim, etc.

Kapazität Zur Definition der Kapazität wird das Verständnis von [Bes92, S. 243] übernommen, der die Kapazität eines ↪Arbeitsplatzes als das Fertigungsvermögen in einer Periode (z.B. Monat, Woche, Schicht oder Arbeitstag) in einer Zeiteinheit angibt; nicht wie sonst manchmal in Mengen oder Werten.

Die Maßeinheit der Kapazität ist *Stunden/Tag*.

Kapazitätsangebot Die gesamte, an einem ↪Arbeitsplatz, an einer ↪Arbeitsplatzgruppe oder ganzer Werkstatt (als Kapazitätsstelle zusammengefaßt) für die Bearbeitung von ↪Fertigungsaufträgen zur Verfügung stehende ↪Kapazität.

Sie wird durch das der Kapazitätsstelle zugeordnete ↪Schichtmodell vorgegeben.

Siehe auch ↪Tageskapazität.

Kapazitätsbedarf Die für die Bearbeitung eines ↪Fertigungsauftrags oder ↪Arbeitsgangs insgesamt erforderliche ↪Kapazität.

Der Kapazitätsbedarf ist erzeugnis- und arbeitsplanabhängig.

Kritischer Pfad Siehe *Pfad, kritischer.*

Leistung, optimale Ist die *wirtschaftlich* optimale Produktionsleistung
einer Fertigungsanlage, d.h.   die kostengünstigste Leistung bzw.
Produktionsgeschwindigkeit für die Bearbeitung eines bestimmten
↪Teils.

Sie ist produktabhängig und ist kleiner als die ↪technische Leistung.

Leistung, technische Ist die *maximale* technische Fertigungsleistung bzw.
Produktionsgeschwindigkeit einer Fertigungsanlage.

Sie ist produktunabhängig und wird in der technischen Dokumen-
tation der Maschine angegeben, oft in sehr verschiedenen, von
dem Anlagentyp abhängigen Maßeinheiten, z.B. Tonnen/Stunde oder
Stück/Sekunde.

Leistungsgrad (LG) Steuerungsparameter, der die Produktivität eines
↪Arbeitsplatzes beschreibt.

Dieser Parameter stellt in der Regel eine subjektive Beurteilung
der technischen Fähigkeiten des ↪Werkers dar, der neben der
↪technischen Leistung eines ↪Betriebsmittels den größten Einfluß
auf den Leistungsgrad eines ↪Arbeitsplatzes ausübt.

Ein Leistungsgrad gleich 1 ist der Normalwert; ein Wert größer 1 steht
für eine höhere und kleiner 1 für eine niedrigere Produktivität bzw.
Leistung als die normale.

Die Maßeinheit des Leistungsgrads ist *1*. Der Produkt mit 100 ergibt
den Wert in Prozent.

Logisches Datenmodell Siehe *Datenmodell, logisches.*

Losgröße (LOSG) Menge der Einheiten, die in einem ↪Fertigungsauftrag
gefertigt werden.

Ihre Maßeinheit ist *Stück.*

Mengenfaktor Siehe *Erzeugnisstruktur.*

Maximaler Einlastungsprozentsatz (MAXEPS) Siehe *Einlastungsprozentsatz, maximaler.*

Mindestweitergabemenge (WMIN) Steuerungsparameter,   der   die
Mindestgröße eines Teilloses angibt, bei der eine Überlappung von
↪Arbeitsgängen erfolgen kann.

Ihre Maßeinheit ist *Stück.*

Minimaler Einlastungsprozentsatz (MINEPS) Siehe *Einlastungsprozentsatz, minimaler.*

Optimale Leistung Siehe *Leistung, optimale.*

Pfad, kritischer Der kritische Pfad ist bei (evtl. parallelen) ↪Arbeitsgängen eines ↪Arbeitsplans die Folge von ↪Arbeitsgängen, die die längste ↪Durchlaufzeit darstellt.

Physisches Datenmodell Siehe *Datenmodell, physisches.*

Plan–Durchlaufzeit Siehe *Durchlaufzeit.*

Produkt Siehe *Erzeugnis.*

Reduzierungsfaktor (REDF) Steuerungsparameter zur Verkürzung der ↪Durchlaufzeit.

Der Reduzierungsfaktor wird meistens bei Termindruck verwendet, um die ↪Übergangszeit um einen bestimmten Prozentsatz zu reduzieren.

Die Maßeinheit ist *1,* mal 100 multipliziert ergibt sich der Wert in Prozent.

Rüstzeit (ZR) Notwendige Zeit zum Rüsten eines bestimmten ↪Betriebsmittels, d.h. die Rüstzeit ist betriebsmittelbezogen.

Zum Rüsten gehören z.B. das Vorbereiten und Programmieren der Anlage, das Einspannen des ↪Teiles, usw.

Die Maßeinheit der Rüstzeit ist *Stunden.*

Schema, internes Siehe *physisches Datenmodell.*

Schema, konzeptuelles Siehe *logisches Datenmodell.*

Schicht Eine Schicht ist eine Gruppierung von **0..n** ↪Schichtelementen.

Schichtelement Ein Schichtelement ist eine Teilzeit einer ↪Schicht, z.B. Produktionszeit, Pause, etc.

Schichtmodell Gruppiert **0..n** ↪Schichten und ordnet sie **1** ↪Tagesart zu, die im ↪Betriebskalender definiert ist.

Sicherheitszeit (SZ) Pufferzeit, die zwischen Belegungsende und ↪Bedarfstermin eines ↪Fertigungsauftrags eingefügt wird, um Unsicherheiten der in der Fertigungsplanung verwendeten ↪Plan–Durchlaufzeiten auszugleichen.

Ziel ihrer Verwendung ist, die Einhaltung des spätesten ↪Bedarfstermins zu gewährleisten; ihre Maßeinheit ist *Stunden.*

Siehe auch *Vorgriffszeit.*

Stückliste Listenförmige Darstellung einer ↪Erzeugnisstruktur mit allen relevanten Daten. Eine Stückliste beschreibt die Zusammensetzung eines Endproduktes oder eines anderen ↪Teils aus seinen Bestandteilen, d.h. sie gibt die „besteht aus"–Beziehung zwischen ↪Teilen wieder.

Eine Stückliste besteht aus 1 *Kopf* und 0..n *Positionen*.

Der Stücklistenkopf enthält Informationen über das ↪Erzeugnis, dessen Struktur sie abbildet, z.B. Teilenummer, Teilebezeichnung usw.

Eine Stücklistenposition gibt Aufschluß über jeweils eine Komponente der übergeordneten ↪Baugruppe, z.B. Menge, mit der die Komponente in die Baugruppe eingeht, Teilebezeichnung etc.

Siehe auch ↪Baukastenstückliste.

Sub–Schema Ein in sich stimmiges Teil eines ↪logischen Datenmodells, ein Bereich des ↪konzeptuellen Schemas.

Ein Sub–Schema beschreibt, wie die Informationsstruktur — in Form von Datenbankrelationen — innerhalb eines Teilgebiets des gesamten Datenmodells definiert ist.

Die Abhängigkeiten zwischen sämtlichen Sub–Schemata eines Datenmodells, die die Funktion und Aufgabe eines Sub–Schemas in der logischen Struktur des konzeptuellen Gesamtschemas angeben, werden durch Fremdschlüsselbeziehungen abgebildet.

Die ↪Sub–Schema–Synthese erstellt aus den einzelnen Sub–Schemata das endgültige ↪logische Gesamtschema.

Sub–Schema–Synthese Der Prozeß, in dem aus mehreren ↪Sub–Schemata eines ↪konzeptuellen Schemas das endgültige, ↪logische Gesamt-Datenmodell erstellt wird.

Tagesart Vom Benutzer im ↪Betriebskalender definierbare Eigenschaft eines bestimmten Tagesdatums. In einem ↪Schichtmodell kann einer bestimmten Tagesart eine konkrete Schichtkombination zugeordnet werden, um eine bestimmte ↪Tageskapazität zu definieren. Diese kann schließlich einem vorgegebenen ↪Arbeitsplatz zugewiesen werden.

Denkbare Tagesarten sind: Montag, Dienstag, Mittwoch, Donnerstag, Freitag, Samstag, Sonntag, Feiertag und Betriebsurlaub.

Tageskapazität (TKAP) Ist die ↪Kapazität, die im Betrieb an einem bestimmten ↪Arbeitsplatz pro ↪Betriebskalendertag für die Verarbeitung eines ↪Fertigungsauftrags zur Verfügung steht.

Somit ist die Tageskapazität arbeitsplatzbezogen.

Die Tageskapazität wird durch das ↪Schichtmodell gegeben und ihre
Maßeinheit ist *Stunden/Tag*.

Technische Leistung Siehe *Leistung, technische*.

Teil Es wird die Definition von [Kur95, S. 61] verwendet, weil sie sinnvoll
erscheint: »Der Begriff „Teil" wird meist als Oberbegriff für Endprodukte, Baugruppen, Einzelteile, Rohmaterial etc. verwendet, d.h. für
alle Bestandteile eines Endproduktes, für Endprodukte selbst, aber
auch für Verbrauchsmaterial u.ä.«

Teileverwendungsnachweis Stellt die „geht ein in"–Beziehungen zwischen ↪Teilen dar, d.h. die entgegengesetzte Sicht einer ↪Stückliste.

Er besagt konkret, wie oft ein bestimmtes ↪Teil T in einem vorgegebenen ↪Produkt P verwendet wird. Wird für die Materialdisposition
verwendet (vgl. [Kur95, S. 83]).

Toleranzgrenze Paramter, der angibt, um wie viel Prozent das
↪Kapazitätsangebot vom ↪Kapazitätsbedarf an einem bestimmten
↪Arbeitsplatz maximal abweichen darf.

Diese Abweichung läßt sich als die Differenz zwischen maximal ein-
lastbarer Arbeitsmenge (durch den maximalen Einlastungsprozentsatz
MAXEPS vorgegeben) und die Summe aller ↪Belegungszeiten des
↪Arbeitsplatzes ermitteln.

Erst dann wenn die Toleranzgrenze überschritten wird, erfolgt ein Kapazitätsabgleich im Rahmen der Kapazitätsplanung.

Die Toleranzgrenze ist arbeitsplatzbezogen; ihre Maßeinheit ist *1*, die
Multiplikation mit 100 ergibt den Wert in Prozent.

Übergangszeit (ZUE) Vergangene Zeit zwischen dem Abschluß der Bearbeitung eines ↪Fertigungsauftrages an einem ↪Arbeitsplatz und
dem Beginn der Bearbeitung dieses ↪Fertigungsauftrages an dem (in
der ↪Arbeitsfolge) nächsten ↪Arbeitsplatzes.

Nach [Kur95, S. 154] besteht die Übergangszeit aus:

- durchschnittliche Wartezeit, bevor ein ↪Arbeitsgang begonnen
  wird

- prozeßbedingte Liegezeit vor dem ↪Arbeitsgang, z.B. zum An-
  reißen

- prozeßbedingte Liegezeit nach dem ↪Arbeitsgang, z.B. zum
  Abkühlen

- Wartezeit auf Kontrolle

- Zeit zur Kontrolle

- Wartezeit auf Transport

- Transport zum nächsten ↪Arbeitsplatz

Die Übergangszeit ist also ein Steuerungsparameter, der alle oben aufgeführten Zeiten in einem einzigen Wert zusammenfaßt; sie ist arbeitsplatzbezogen und ihre Maßeinheit ist *Stunden*.

Umlastung Einen bereits eingelasteten (sei es simuliert oder fix) ↪Fertigungsauftrag auf einen anderen ↪Arbeitsplatz und/oder zu einem anderen Zeitpunkt neu einlasten, in dem die vorherige ↪Einlastung zunächst durch eine ↪Auslastung aufgehoben und mittels einer neuen ↪Einlastung ersetzt wird.

Vorgriffszeit (VZ) Pufferzeit, die zwischen Beginnzeit und eigentlicher ↪Belegungszeit eines ↪Fertigungsauftrags eingefügt wird, um Unsicherheiten der in der Fertigungsplanung verwendeten ↪Plan–Durchlaufzeiten auszugleichen.

Ziel ihrer Verwendung ist, die Einhaltung des spätesten ↪Bedarfstermins zu gewährleisten; ihre Maßeinheit ist *Stunden*.

Siehe auch *Sicherheitszeit*.

Vorlaufzeit Ist die Zeit, die ein ↪Fertigungsauftrag für seine Durchführung in Anspruch nimmt. Sie entspricht der ↪Auftragsdurchlaufzeit und wird in der Materialdisposition bei der Planung der Auslösung eines ↪Fertigungsauftrags berücksichtigt.

Werker Mitarbeiter, Arbeitskraft an einem ↪Arbeitsplatz in der Fertigung.

Anhang B

Subschema–Definition

Dieser Anhang sammelt die Definitionen der Sub–Schemata aller PPS–
Teilmodule des logischen Datenmodells.

Die jeweiligen Sub–Schemata — die als Ergebnis der Datenmodellierung
im Kapitel 2 auf Seite 7 entstanden sind — wurden mittels einer SSDL–
Sprache definiert und in einer Datei abgelegt.

Der Inhalt dieser Dateien wird im folgenden dargestellt und kurz
erläutert, zuvor aber wird der Aufbau der eingesetzten SSDL–Sprache beschrieben.

B.1   Die eingesetzte SSDL–Sprache

Die in der vorliegenden Arbeit eingesetzte Sprache zur Definition des Sub–
Schemas basiert auf die in [Dat90] verwendeten Beschreibung eines logischen
Datenmodells.

Eine solche Sprache wird verwendet — genauso wie die in [Elm94] beschriebenen Assoziationsdiagramme —, um den Informationsbereich einer
Problemstellung im Detail in Form eines logischen Datenmodells zu definieren und zu beschreiben.

Eine SSDL–Sprache hat gegenüber der grafischen Alternative Vor- und
Nachteile.

„Ein Bild sagt mehr als tausend Worte"; dies gilt natürlich auch für Assoziationsdiagramme. Der Gesamtüberblick ist bei dieser Möglichkeit weit
größer als bei einer Sprache.

Eine Grafik kommt aber bei der vorhandenen, komplexen Informations-
menge sehr schnell an ihre Grenzen; sie schlägt irgendwann mal in das andere
Extrem um, sie wird unübersichtlich.

Und an dieser Stelle — das heißt wenn die zu definierende Informationsstruktur einen bestimmten Kpmplexitätsgrad erreicht hat — kommen die
Vorteile einer SSDL–Sprache zum Tageslicht.

Eine umfaßende Sprache zur Definition eines Sub–Schemas bietet dem

Datenbankarchitekten viel ausführlichere und flexiblere Instrumente zur
Festlegung und Beschreibung des konzeptuellen Schemas. Dies kann beim
genauen Untersuchen der in den nächsten Abschnitten aufgeführten Sub-
Schema–Definitionen festgestellt werden.

Ein weiterer Grund für den Einsatz der weiter unten erläuterten SSDL–
Sprache in dieser Arbeit ist, daß sie als Input für das Werkzeug zur Erzeug-
nung der SQL–Anweisungen dient, die das physische Datenmodell für die zu
implementierende Datenbankanwendung erstellen.

Dieses Tool mit dem Namen *GenRef* wurde von databrain EDV GmbH
entwickelt und für die Anforderungen von OMEGA optimiert.

Die von diesem Programm generierten Dateien werden nicht in der Diplomarbeit dokumentiert, weil sie in erster Linie sehr umfangreich und auch
schwer lesbar sind, wie meistens bei computergenerierten Sourcecodes der
Fall ist.

Die Syntax der in dieser Diplomarbeit benutzten SSDL–Sprache lautet
wie folgt:

```
# Syntax fuer Sub-Schema-Beschreibung

SCHEMA          ::= { SUBSCHEMA }

SUBSCHEMA       ::= { modul <modulname> [ domains { DOMAIN }]
                        { TABELLENBESCH }
                    }

DOMAIN          ::= <domainname> [ like <domainname> DOMAINSPEZ ]
                    | <domainname> <datatype> DOMAINSPEZ

DOMAINSPEZ      ::= [ format <format> ] [ initial <init> ]
                    [ clabel <clabel> ] [ slabel <slabel> ]
                    [ not null ] [ help <helptext> ]

TABELLENBESCH   ::= table <tablename> <kurzname>
                    [( ATTRIBUTLISTE )] [{ KEYDEFS }]
                    # <kurzname> ist unique-4-Byte lange
                    #    Bezeichnung (lower)

ATTRIBUTLISTE   ::= ATTRIBBESCH [{ , ATTRIBBESCH }]

ATTRIBBESCH     ::= <attributname> [ <domainname> ] [ = <constante> ]

KEYDEFS         ::= primary key ( KEYATTRIBUTE )
                    | [ alternate key <keyname> ( KEYATTRIBUTE )]
                    | [ foreign key [ <keyname> ] [( KEYATTRIBUTE )]
                          identifies <tablename> [ .<keyname> ]
                          [ not null ] [ indexed ]
                          [ UPDATEEFFECT ] [ DELETEEFFECT ]
                      ]
                    | [[ unique ] index <indexname> ( ATTRIBUTLISTE )]
```

```
KEYATTRIBUTE      ::= [ PRIMARYKEY ] [ ATTRIBUTLISTE ]

PRIMARYKEY        ::= keyof ( <tablename> [ .<keyname> ])
                      [{ , keyof ( <tablename> [ .<keyname> ])}]

UPDATEEFFECT      ::= update restricted | update cascades
                      | update nullifies

DELETEEFFECT      ::= delete restricted | delete cascades
                      | delete nullifies
```

Eine Sub–Schema–Definition wird durch die Deklaration eines Moduls-
namen mittels dem Schlüsselwort **modul** eingeleitet. Ein Modul ist eine
logische Gruppierung von Datenstrukturen und repräsentiert in der Regel
ein Sub–Schema.

Dem Modul folgend können Domänen deklariert werden, anschließend
müssen die Tabellen definiert werden.

Eine Domänendeklaration — durch das Schlüsselwort **domains** zu er-
kennen — definiert die Repräsentation („represented by"–Eigenschaft) eines
Attributs einer Tabelle durch Verwendung von **format** und kann mit einer
Datentypdeklaration verglichen werden.

Durch die Verwendung einer früher definierten Domäne zur Deklaration
einer neuen Domäne — anhand des Schlüsselwortes **like** — kann zudem eine
effizientere Wiederverwendung von Code erleichtert werden. An dieser Stelle
können auch zu einer Domäne Beschriftungen, Defaultwerte, Hilfetexte usw.
im Datenbanksystem hinterlegt werden.

Die Definition bzw. Verwendung von Domänen ist aber nicht zwingend;
sämtliche Angaben, die bei einer Domänendeklaration festgelegt werden
können, können stattdessen direkt bei der Attributdefinition einer Tabelle vorgenommen werden.

Die Hauptaufgabe einer Sprache zur Definition von Sub–Schemata eines
logischen Datenmodells ist aber natürlich die Definition und Beschreibung
von Datenbanktabellen und ihre Beziehungen untereinander.

Die Definition einer Tabelle besteht aus drei Schritten: den Tabellenkopf,
die Attribute und die Schlüssel, Indizes und Schlüsselbeziehungen definieren.

Der Tabellenkopf wird mit dem Wort **table** definiert und beinhaltet
den Tabellennamen, ein Tabellenkürzel und einen Hilfetext zur verbalen
Beschreibung der Funktion der Tabelle.

Bei der Attributdefinition wird eine Liste der in der Tabelle vorhandenen
Attribute angegeben.

Jedem Attribut wird als Eigenschaft (vergleichbar dem Datentyp einer
Variable) eine vorher definierte Domäne zugewiesen. Wurde vorher keine
Domäne für ein Attribut definiert, so können diese Angaben an dieser Stelle
vorgenommen werden.

Wichtige Eigenschaften einer Datenbankrelation und somit jeder Tabelle sind die Schlüssel und ihre Beziehungen untereinander; sie ermöglichen die exakte Einhaltung und Kontrolle sämtlicher Integritätsbedingungen.

Mit dem Schlüsselwort `primary key` wird der Primärschlüssel einer Tabelle definiert, die aus mehreren Felder bestehen kann; er kann sogar aus Schlüsseln anderer Tabellen (Fremdschlüssel) zusammengesetzt werden, mit Hilfe des binären Operators `keyof(<tablename>)`.

Auf die gleiche Art und Weise werden Fremdschlüsselbeziehungen definiert, und zwar anhand des Schlüsselwortes `foreign key` und der Ergänzung `identifies`, die die Tabelle identifiziert, in der der referenzierte Primärschlüssel definiert ist.

Bei der Definition von Primär- und Fremdschlüsseln soll zum besseren Verständnis an dieser Stelle erklärt werden, daß solch ein Schlüssel nicht unbedingt zusätzlich in der Attributenliste definiert werden muß. Dies würde die Angabe von redundanter Information bedeuten, da ein Primär- oder Fremdschlüssel immer zwingend ein Feld in der Tabelle darstellt. Aus diesem Grund ist es vollkommen ausreichend, allein eine `primary key`- bzw. `foreign key`-Definition zum Schluß anzugeben; der Compiler sorgt sebstständig dafür, das entsprechende Feld in der Tabelle zu erzeugen.

Zur besseren Lesbarkeit, um den Namen des Feldes selber festzulegen oder zum Beispiel um einen Hilfetext für das Feld zu definieren, kann jedoch eine zusätzliche Eintragung für einen Primär- und/oder Fremdschlüssel in der Attributenliste vorgenommen werden.

In beiden Fällen lassen sich Eigenschaften und Objekte wie `not null`, `unique`, `index` etc. definieren, die teilweise schon das phsysische Datenmodell betreffen.

Eine sehr hilfreiche Automatisierung von *GenRef* ist, daß das Programm für Primärschlüssel immer Indizes anlegt, so daß der Benutzer es nicht selber zu tun braucht.

Eine sehr hilfreiche und flexible Behandlung von Sonderfällen bei Primär- und Fremdschlüsselbeziehungen wird in der verwendeten SSDL–Sprache unterstützt. Die Ergänzungen `delete cascades` und `update cascades` sind dafür verantwortlich, SQL–Anweisungen zu erzeugen, die beim Löschen bzw. Ändern des Primärschlüssels, auf den ein oder mehrere Fremdschlüssel verweisen, auch die entsprechenden Fremdschlüssel gelöscht bzw. geändert werden.

Die konsequente Benutzung von `delete cascades` und `update cascades` muß genau durchdacht werden, denn sie kann unter Umständen eine sehr negative Auswirkung auf die Datenbankanwendung bei großen Datenbanken haben.

Denn wird beispielsweise in einem PPS–System mit 100.000 Stücklisten die in 90.000 davon mehrmals und an verschiedenen Stellen in der Erzeugnisstruktur enthaltene Schraube mit der Artikelnummer 4711 aus dem Artikelstamm heraus gelöscht und wurde in der entsprechenden SSDL–Datei

ein delete cascades definiert, so wird dies zur Folge haben — und im
schlimmsten Fall wenn das System am meisten ausgelastet ist —, daß die
Schraube 4711 sofort aus den 90.000 Stücklisten auf einmal entfernt wird.

Zusätzlich müßte die Anwendung dafür Sorge tragen, daß die Datenstrukturen konsistent bleiben, das heißt zum Beispiel sämtliche Stücklisten mit der Ersatzschraube und auch die Verweise im Arbeitsgang auf die
Schraube aktualisieren.

Das selbe Verhalten würde die Alternative update cascades mit sich
bringen.

Ein weiteres, sehr interessantes Feature der hier beschriebenen SSDL–
Sprache ist die Möglichkeit, eine *Sub–Schema Synthese* vorzunehmen.

Darunter versteht man das Hinterlegen von Modul–Definitionen wie
Domänen, Tabellen, Attribute, Schlüsselbeziehungen usw.— oder auch
nur Teilmengen davon — in mehreren, voneinander unabhängigen SSDL–
Dateien. Die Vereinigungsmenge dieser Teilmodulen wird dann zur Compi-
lerzeit zu *einem* syntaktisch und semantisch korrekten, konsistenten Modul
„zusammengeschmolzen".

Diese Synthese ermöglicht leicht beispielsweise den Entwurf bzw. die Definition eines komplexen logischen Datenmodells in einem Entwicklerteam,
der aus mehreren Mitarbeitern besteht. Zwei oder mehr Teammitglieder
könnten auf die Art und Weise jeder für sich ein Teil eines Moduls definieren, ohne sich darum kümmern zu müssen, wie zum Schluß die Teilarbeiten
integriert werden.

Ferner kann die Sub–Schema Synthese zur Erweiterung einer bestehenden Relation eingesetzt werden. Dieser Fall kann deutlich im Anhang B.4
auf Seite 124 beobachtet werden, in dem die notwendigen Erweiterungen an
die bestehende Stücklistenstruktur in Form einer Synthese zu sehen sind.

B.2   Globale Domänen

Die im folgenden definierten Domänen werden an verschiedenen Stellen des
gesamten Datenmodells von OMEGA verwendet.

Sie werden aus diesem Grund zentral definiert, damit sie für weitere
Definitionen als Vorlage dienen können.

```
# Systemweite Grunddomaenen.

domains

# Serial Key
serkey      integer format "zzzzzzz9"
                    initial 1
                    not null
                    slabel "Serielle Nr."
                    clabel "SerKey"
                    help "Eindeutige Nummer"
```

```
bez          char     format "x(40)"
                      initial ""
                      not null
                      slabel "Bezeichnung"
                      clabel "Bezeichnung"
                      help "Frei waehlbare Bezeichnung"

logname      char     format "x(15)"
                      initial ""
                      not null
                      slabel "Benutzerkennung"
                      clabel "Benutzer"
                      help "Eindeutige Benutzerkennung"

mnemo        char     format "x(4)"
                      initial ""
                      not null
                      slabel "Kuerzel"
                      clabel "Krz"
                      help "Symbolische Abkuerzung"

simpletyp    char     format "x"
                      initial ""
                      not null
                      slabel "Einfacher Typ"
                      clabel "T"
                      help "Einfache Typisierung"

# Standard Informationsfeld
stdinfo      char     format "x(108)"
                      initial ""
                      not null
                      slabel "Informationen"
                      clabel "Informationen"
                      help "Freier Text zur naeheren Erlaeuterung"

# Standard Datumsfeld
stddat       date     format "99.99.9999"
                      initial today
                      slabel "Datum"
                      clabel "Datum"
                      help "Datum"

dzeit        dec      decimals 2 format "->>9.99"
                      initial "0"
                      not null
                      slabel "Zeit"
                      clabel "Zeit"
                      help "Zeit in Stunden oder Arbeitseinheiten"

prozent      dec      decimals 2 format "->>9.99"
                      initial "0"
                      not null
```

```
                          slabel "Prozent"
                          clabel "Proz."
                          help "Prozentsatz"

geld4        dec          decimals 2 format "->,>>9.99"
                          initial "0"
                          not null
                          slabel "Betrag"
                          clabel "Betrag"
                          help "Betrag"

preis        dec          decimals 6 format "->,>>>,>>9.99"
                          initial "0"
                          not null
                          slabel "Preis"
                          clabel "Preis"
                          help "Preis"

# Stueck
menges4      dec          decimals 1 format "->,>>9.9"
                          initial "0"
                          not null
                          slabel "Menge"
                          clabel "Menge"
                          help "Menge"

# Standardmengen
menges46     dec          decimals 6 format "->,>>9.999"
                          initial "0"
                          not null
                          slabel "Menge"
                          clabel "Menge"
                          help "Menge"

an_dat       date         format "99.99.99"
                          initial today
                          not null
                          slabel "Anlage am"
                          clabel "Anlage"
                          help "Datum der Datensatzanlage"

an_log   like logname
                          initial "system"
                          not null
                          slabel "von"
                          clabel "durch"
                  help "Von wem wurde der Datensatz urspruenglich angelegt?"

la_dat       date         format "99.99.99"
                          initial today
                          not null
                          slabel "Geaendert am"
                          clabel "geaendert"
                          help "Datum der letzten nderung"
```

```
la_log   like logname
                      initial ""
                      not null
                      slabel "von"
                      clabel "durch"
              help "Von wem wurde die letzte nderung durchgefuehrt?"

posnr    char        format "x(10)"
                     initial ""
                     not null
                     slabel "Pos.Nr."
                     clabel "PosNr"
                     help "Positionsnummer"

einhsbez char        format "x(12)"
                     initial ""
                     not null
                     slabel "Einheit"
                     clabel "Einheit"
                     help "Systembezeichnung fuer die Einheit"
```

B.3   Schichtmodell

```
# Schichtmodell, Schicht, Schichtelemente

modul Schichtmodell

domains
schpguelt_ab        like stddat
                    initial today
                    help "Gueltigkeitsbeginn des Schichtelements"

schpguelt_bis       like stddat
                    help "Gueltigkeitsende des Schichtelements"

schmguelt_ab        like stddat
                    initial today
                    help "Gueltigkeitsbeginn des Schichtmodells"

schmguelt_bis       like stddat
                    help "Gueltigkeitsende des Schichtmodells"

schpbeginn          like zeit
                    help "Beginnzeit des Schichtelements"

schpende            like zeit
                    help "Endezeit des Schichtelements"

schpprio            char
                    format "x(1)"
```

```
                          initial "N"
                          not null
                          slabel "Schichtprioritaet"
                          clabel "Prio."
                          help "Schichtprioritaet: N-Normal, A-Ausnahme"

table schicht sch        "Schicht"
                         ( schbez bez,
                           schinfo stdinfo,
                           la_dat, la_log
                         )
primary key              ( sch mnemo )

table schpos schp        "Schichtposition"
                         ( schpguelt_bis,
                           schpende,
                           schpzart bez,
                           la_dat, la_log
                         )
primary key              ( keyof(schicht), schpguelt_ab, schpbeginn,
                           schpprio )
foreign key sch          identifies schicht delete cascades

table schmod schm        "Schichtmodell"
                         ( schmbez bez,
                           schminfo stdinfo,
                           la_dat, la_log
                         )
primary key              ( schm mnemo )

table schmpos scmp       "Schichtmodellposition"
                         ( schmguelt_bis,
                           schmbez bez,
                           schminfo stdinfo
                         )
primary key              ( keyof(schmod), schpguelt_ab, keyof(tagesart),
                           keyof(schicht) )
foreign key schm         identifies schmod delete cascades
# Tabelle "tagesart" ist bereits in Omega definiert und
# enthaelt die Tagesarten eines Betriebskalenders.
foreign key tart         identifies tagesart delete cascades
foreign key sch          identifies schicht delete cascades
```

Nach der Definition der wichtigsten Domänen dieses Moduls, wird die Tabelle Schicht mit den im Zuge der Festlegung der Feinstruktur festgelegten Attributten sowie einem Kürzel (Domäne **mnemo**) als Primärschlüssel definiert.

Als nächstes wird die Tabelle beschrieben, die die Schichtpositionen, das heißt die Schichtelemente verwaltet. Ihren Primärschlüssel setzt sich aus dem Fremdschlüssel der Schichttabelle, dem Beginndatum des Gültigkeitsbereichs, der Beginnuhrzeit des Schichtelements und der Priorität zusammen.

Um die Suche eines bestimmten Schichtelements performanter zu gestalten, wird ein Index gebildet, der den Verweis auf die Schicht, der das Element angehört und den Gültigkeitsbeginn beinhaltet.

Ob die Priorität auch Teil dieses Indizes sein sollte, ist stark von der Implementierung der Programmlogik abhängig und sollte erst bei der Codierung untersucht werden.

Schließlich wird die Tabelle Schichtmodell definiert, gefolgt von den ihr zugeordneten Schichtmodellpositionen. Wie man erkennen kann, besteht die eindeutige Namenskonvention einer Schichtmodellposition aus dem Fremdschlüssel der Schichtmodelltabelle, dem Beginndatum des Gültigkeitsbereichs der Position sowie den Fremdschlüsseln der Tagesartentabelle und der Schichttabelle.

Die Überlegungen zum Index der letzten Tabelle dieses Moduls folgen dem gleichen Muster wie die der Tabelle zur Verwaltung der Schichtpositionen.

B.4 Stückliste

```
# Stueckliste: Ergaenzung um Stuecklistentyp,
# Arbeitsplaene einer Stueckliste

modul stl

table asta asta    "Artikelstammdatei"
                   ( stltyp simpletyp initial "S"
help "Stuecklistentyp: S-Stammstueckliste, F-Fertigungsstueckliste"
                   )
index stltyp       ( stltyp simpletyp )

table stlapn stap   "Zuordnung von Stuecklisten und Arbeitsplaenen"
primary key         ( keyof(asta), keyof(aplan) )
# Tabelle "asta" (Artikelstamm) ist bereits in Omega definiert und
# enthaelt den Artikelstamm.
foreign key asta    identifies asta delete cascades update cascades
foreign key apn     identifies aplan delete cascades update cascades
```

In dieser Datei werden die Möglichkeiten der Sub–Schema Synthese der eingesetzten SSDL–Sprache genutzt.

Der bereits an einer anderen Stelle in OMEGA definierten Artikel- (und zugleich Stücklistenstammtabelle) wird in diesem Modul ein Attribut hinzugefügt, nämlich das Stücklistentyp mit dem Defaultwert S.

Die Primär- und Fremdschlüsselangaben sind dabei nicht nötig, da sie schon bei der Erstdefinition der Tabelle gemacht wurden.

Wichtig ist aber die Festlegung eines Indizes auf das Feld stltyp, weil dieser oft zur Selektion von entweder Stammstücklisten (z.B. bei ihrer Anzei-

ge auf dem Bildschirm) oder Fertigungsstücklisten (bei ihrer Bearbeitung)
allein verwendet werden wird.

Zum Schluss wird die Zuordnungstabelle aufgeführt, die Haupt–
Arbeitsplan und Alternativ–Arbeitspläne einer bestimmten Stückliste zuweist.

B.5 Arbeitsplan, Arbeitsgang

```
# Arbeitsplan, Arbeitsplanposition, Netz von Arbeitsplan-
# -positionen, Arbeitsgang, Arbeitsfolge

modul Arbeitsplan

domains
apn                like serkey
agg                like serkey

losgr              like menges4
                   initial "1"
        help "Losgroesse, fuer die der Arbeitsplan gueltig ist"

pstartdat          like stddat
                   initial today
        help "Plan-Startdatum des terminierten Arbeitsgangs"

pendedat           like stddat
        help "Plan-Endedatum des terminierten Arbeitsgangs"

table aplan apn    "Arbeitsplan"
                   ( apnbez bez,
                     apninfo stdinfo,
                     apntyp simpletyp initial "S"
help "Arbeitsplantyp: S-Stammarbeitsplan, F-Fertigungsarbeitsplan",
                     losgr,
                     loseinh einhsbez
                help "Masseinheit der Losgroesse",
                     pdurchlz dzeit
                help "Plan-Durchlaufzeit in Stunden",
                     an_dat, an_log,
                     la_dat, la_log
                   )
primary key        ( apn )
# Tabelle "einheit" ist bereits in Omega definiert und
# enthaelt das Einheitensystem.
foreign key loseinh ( loseinh einhsbez ) identifies einheit null
index      apntyp ( apntyp simpletyp )

table apnpos apnp  "Arbeitsplanposition"
primary key        ( keyof(aplan), apnposnr posnr )
foreign key aggapn identifies aplan delete cascades update cascades
foreign key agg    identifies agang delete cascades update cascades
```

```
table apnpnetz appn "Netz von Arbeitsplanpositionen"
                    ( minwmenge menges4
               help "Mindestweitergabemenge zum Nachfolger-Arbeitsgang"
                    )
primary key          ( apnvorg apn, apnpvorg posnr, keyof(apnpos) )
foreign key posvorg ( apnvorg apn, apnpvorg posnr )
                    identifies apnpos delete cascades update cascades
                                                      # Vorg.-APN-Pos.
foreign key posnach identifies apnpos
                                                      # Nachf.-APN-Pos.
index        apnpn   ( keyof(apnpos) )

table agang agg      "Arbeitsgang"
                     ( aggbez bez,
                       agginfo stdinfo,
                       aggtyp simpletyp initial "S"
help "Arbeitsgangtyp: S-Stammarbeitsgang, F-Fertigungsarbeitsgang",
                       pruestz dzeit
          help "Plan-Ruestzeit",
                       przeinh einhsbez
          help "Masseinheit der Plan-Ruestzeit",
                       pbearbz dzeit
          help "Plan-Bearbeitungszeit in Stunden pro Masseinheit",
                       pbzeinh einhsbez
          help "Masseinheit der Plan-Bearbeitungszeit",
                       puebergz dzeit
          help "Plan-Uebergangszeit",
                       puzeinh einhsbez
          help "Masseinheit der Plan-Uebergangszeit",
                       redf prozent
          help "Reduzierungsfaktor in Prozent",
                       pstartdat, pendedat,
                       pdurchlz dzeit
          help "Plan-Durchlaufzeit in Stunden",
                       an_dat, an_log,
                       la_dat, la_log
                     )
primary key          ( agg )
# Tabelle "einheit" ist bereits in Omega definiert und
# enthaelt das Einheitensystem.
foreign key przeinh ( przeinh einhsbez ) identifies einheit null
foreign key pbzeinh ( pbzeinh einhsbez ) identifies einheit null
foreign key puzeinh ( puzeinh einhsbez ) identifies einheit null
foreign key apz      identifies aplatz delete cascades
index        aggtyp  ( aggtyp simpletyp )

table aggteil aggt "In einem Arbeitsgang bearbeitete Teile"
primary key          ( keyof(agang), keyof(asta) )
foreign key agg      identifies agang delete cascades update cascades
# Tabelle "asta" (Artikelstamm) ist bereits in Omega definiert und
# enthaelt den Artikelstamm.
foreign key aggt     identifies asta delete cascades

table afolge aflg    "Arbeitsfolge"
```

```
primary key        ( aflg agg, keyof(agang) )
foreign key aflg   ( aflg agg ) identifies agang
                        delete cascades update cascades    # AFG
foreign key agg    identifies agang                 # AGG in AFG
index       agg    ( keyof(agang) )
```

In diesem Modul wird nach der Festlegung wichtiger Domänen die Tabelle zur Speicherung von Arbeitsplänen definiert.

Besonderheiten dieser Relation sind die Definition des Arbeitsplantyps apntyp— nach dem selben Muster wie bei den Stücklisten und mit dem dazu gehörigen Index zur schnelleren Suche — und der Maßeinheit für die Losgröße loseinh („represented by" einhsbez) als Fremdschlüssel auf die Tabelle einheit zur Verwaltung der systemweiten Einheiten, die bereits in einem anderem Modul von OMEGA definiert ist.

Als nächstes wird die Tabelle der Arbeitsplanpositionen aufgeführt, die — wie im entsprechenden Assoziationsdiagramm abgebildet — ein Fremdschlüssel auf den Arbeitsplan, dem die Position angehört und eine Positionsnummer als Primärschlüssel besitzt. Ein Fremdschlüssel auf die Tabelle der Arbeitsgänge identifizert zudem, welcher Arbeitsgang bzw. Arbeitsfolge in dieser Arbeitsplanposition durchgeführt wird.

Die nächste Tabelle, die in dieser Datei definiert wird, trägt den Namen apnpnetz und dient zur Speicherung der Struktur eines Arbeitsplans und zur Hinterlegung einer Mindestweitergabemenge zur Verkürzung der Durchlaufzeit. Diese Struktur wird durch ein Netz von Arbeitsplanpositionen vorgegeben, die vom Benutzer festgelegt wird.

Der Primärschlüssel der Tabelle besteht aus zwei Fremdschlüssel, die beide auf die Tabelle der Arbeitsplanpositionen (apnpos) verweisen. Der zweite davon (posnach) identifizert eine Nachfolger–Position der durch den ersten Fremdschlüssel gekennzeichneten Arbeitsplanposition. Auf diese Weise können bei einer Vorwärtsterminierung zu jedem Arbeitsgang bzw. jeder Arbeitsfolge sämtliche Nachfolger–Arbeitsgänge ermittelt werden.

Analog zu dieser Sichtweise, aber von der anderen Perspektive betrachtet, bestimmt der erste Fremdschlüssel mit dem Namen posvorg eine Vorgänger–Arbeitsplanposition zu der Position, die der zweite Fremdschlüssel identifiziert. Hiermit können bei der Rückwärtsterminierung alle Vorgänger–Arbeitsgänge und -folgen eines Arbeitsgangs erreicht werden.

Die Indizes apnpv und apnpn sollen zusätzlich die Zugriffe während der Durchlaufterminierung — sowohl vorwärts als auch rückwärts — beschleunigen.

Durch das Hinzunehmen der beiden Fremdschlüssel posvorg und posnach in den Primärschlüssel der Tabelle kann eine Arbeitsplanposition mehrere Vor- und Nachfolger–Positionen haben, welches das gewünschte Netz von Arbeitsplanpositionen ergibt.

Diese sehr effiziente und dennoch extrem flexible Datenmodellkonstrukt wird wiederholt in diesem und auch anderen Modulen verwendet, die in den folgenden Abschnitten erläutert werden.

Nun wird die Tabelle zur Verwaltung von Arbeitsgängen beschrieben. Auch sie enthält ein Feld zur Speicherung des Arbeitsgangstyps mit dem entsprechenden Index. Als eine typische Stammdatentabelle besteht ihr Primärschlüssel aus nur einem Feld, dem „serial key" agg. Fremdschlüsselbeziehungen bestehen zur Systemeinheitentabelle zur Speicherung der Maßeinheiten der Plan–Rüst-, Plan–Bearbeitungs- und Plan–Übergangszeiten sowie zur Arbeitsplatztabelle, die den Arbeitsplatz verwaltet, in dem der betreffende Arbeitsgang ausgeführt wird.

Die Tabelle danach identifiziert die Teile, die in einem bestimmten Arbeitsgang verwendet, bearbeitet und/oder montiert werden. Ihr Primärschlüssel setzt sich zu diesem Zweck aus dem Fremdschlüssel der Arbeitsgang- und der Artikelstammtabelle.

Die letzte Tabelle des Moduls definiert Arbeitsfolgen, die sich aus mehreren Arbeitsgängen zusammensetzen können.

Durch Verwendung der selben Tabellenstruktur wie die der Arbeitsplanpositionen weiter oben in diesem Abschnitt, können Arbeitsfolgen wiederum in einer Arbeitsfolge enthalten sein oder sogar die Arbeitsgänge in einer Arbeitsfolge ein strukturiertes Netz analog den Arbeitsplanpositionen bilden. So kann jede beliebige Arbeitsgangstruktur und/oder Gruppe von Arbeitsgängen bzw.-folgen als eine Arbeitsfolge gruppiert werden, um einen höheren Grad an Benutzerfreundlichkeit zu erreichen, beispielsweise bei der Festlegung von Arbeitsplänen, in denen sich bestimmte Aufgaben mehrmals wiederholen oder um viel schneller eine Durchlaufterminierung auf Arbeitsfolgenebene durchführen zu können.

B.6   Arbeitsplatz, Belastungskonto

```
# Arbeitsplatz, Arbeitsplatzgruppe, Ausweich-Arbeitsplaetze,
#   Mitarbeiter, Betriebs- und Hilfsmittel an einem APZ,
#   Stillstandzeiten eines APZs, Belastungskonto

modul Arbeitsplatz

domains
apz                    like mnemo
stibeginn              like stddat
stiende                like stddat

table aplatz apz       "Arbeitsplatz"
                       ( apzbez bez,
                         apzinfo stdinfo,
                         kstelle bez
                     help "Kostenstelle, dem der Arbeitsplatz zugeordnet ist",
                         standort bez
                     help "Standort, dem der Arbeitsplatz zugeordnet ist",
```

```
                              ruestkost geld4
                    help "Ruestkostensatz in DM pro Stunde",
                              rseinh einhsbez
                    help "Masseinheit des Ruestkostensatzes",
                              stundsatz geld4
                    help "Bearbeitungskostensatz in DM pro Stunde",
                              bseinh einhsbez
                    help "Masseinheit des Bearbeitungskostensatzes",
                              tolgrenze prozent
                    help "Toleranzgrenze in Prozent",
                              maxeps prozent
                    help "Max. Einlastung in Prozent der Tageskapazitaet",
                              mineps prozent
                    help "Min. Einlastung in Prozent der Tageskapazitaet",
                              lgrad prozent
                    help "Leistungsgrad in Prozent",
                              lopt menges46
                    help "Optimale Leistung des Haupt-Betriebsmittels",
                              loeinh einhsbez
                    help "Masseinheit der optimalen Leistung",
                              an_dat, an_log,
                              la_dat, la_log
                              )
primary key                   ( apz )
# Tabelle "einheit" ist bereits in Omega definiert und
# enthaelt das Einheitensystem.
foreign key rseinh   ( rseinh einhsbez ) identifies einheit null
foreign key bseinh   ( bseinh einhsbez ) identifies einheit null
foreign key loeinh   ( loeinh einhsbez ) identifies einheit null
foreign key schm     identifies schmod delete cascades  # Schicht-Mod.

table apzgru apgr    "Arbeitsplatzgruppe aus Arbeitsplaetzen"
primary key          ( apzg apz, keyof(aplatz) )
foreign key apzg     ( apzg apz ) identifies aplatz
                              delete cascades update cascades
                                                    # APG
foreign key apz      identifies aplatz              # APZ in APG
index apz            ( keyof(aplatz) )

table apzausw apaw   "Ausweich-Arbeitsplaetze zu einem Arbeitsplatz"
primary key          ( keyof(aplatz), auswapz apz )
foreign key apz      identifies aplatz delete cascades update cascades
                                                    # Haupt-APZ
foreign key auswapz ( auswapz apz ) identifies aplatz  # Ausweich-APZ

table apzma apzm     "Zuordnung von Mitarbeitern einem Arbeitsplatz"
primary key          ( keyof(aplatz), keyof(ben) )
foreign key apz      identifies aplatz delete cascades  # APZ
# Tabelle "ben" (Benutzer) ist bereits in Omega definiert und
# enthaelt den Mitarbeiterstamm.
foreign key ben      identifies ben delete cascades      # Mitarbeiter

table apzbm apzb     "Zuordnung von Betriebsmitteln zu Arbeitsplatz"
primary key          ( keyof(aplatz), keyof(anlage) )
```

```
foreign key apz      identifies aplatz delete cascades   # APZ
# Tabelle "anlage" ist bereits in Omega definiert und
# enthaelt die Anlagenbuchhaltung der FiBu.
foreign key anlage   identifies anlage delete cascades
                                                         # Betriebsmittel

table apzhm apzh     "Zuordnung von Hilfsmitteln zu Arbeitsplatz"
primary key          ( keyof(aplatz), keyof(asta) )
foreign key apz      identifies aplatz delete cascades   # APZ
# Tabelle "asta" (Artikelstamm) ist bereits in Omega definiert und
# enthaelt den Artikelstamm.
foreign key asta     identifies asta delete cascades     # Hilfsmittel

table apzstill apst  "Stillstandzeiten eines Arbeitsplatzes"
                     ( stiinfo stdinfo
                           help "Begruendung der Stillstandzeit",
                       stibeginn initial today
                           help "Beginndatum der Stillstandzeit",
                       stiende
                           help "Endedatum der Stillstandzeit"
                     )
primary key          ( keyof(aplatz), stibeginn descending )
foreign key apz      identifies aplatz delete cascades

table apzbelkto apbk "Belastungskonto eines Arbeitsplatzes"
                     ( beltag stddat
        help "Datum der Plan-Belegung",
                       pbelzeit dzeit
        help "Plan-Belegungszeit des Arbeitsgangs an diesem Arbeitsplatz",
                       belart simpletyp initial "R"
        help "Belegungsart: R-reserviert, F-fix"
                     )
primary key          ( keyof(aplatz), beltag stddat, keyof(fa),
                       keyof(agang) )
foreign key apz      identifies aplatz delete cascades update cascades
                                                         # Arbeitsplatz
foreign key fa       identifies fa delete cascades       # FA
foreign key agg      identifies agang delete cascades    # AGG
```

Dieses Modul beginnt ebenfalls mit der Definition von einigen Domänen,
geht aber bald in die Festlegung der ersten Tabelle, die Arbeitsplätze verwaltet. Neben der Speicherung einer vielzahl an Eigenschaften (wie es bei
den meisten Stammdatentabellen der Fall ist), besitzt sie Fremdschlüssel
auf die Systemeinheitentabelle und auf die Tabelle zur Speicherung der
Schichtmodelle, um auf die Art und Weise jedem Arbeitsplatz ein Default–
Schichtmodell zuzuweisen.

Als nächstes kommt die Tabelle, die eine Arbeitsplatzgruppe aus mehreren Arbeitsplätzen bildet. Um die gewünschte Arbeitsplatzstruktur wie
im Abschnitt 2.2.1 auf Seite 22 beschrieben und in der Abbildung 2.3 auf
Seite 23 dargestellt anlegen zu können, wird das selbe Datenkonstrukt wie

für die Arbeitsplanpositionen (wie im Abschnitt B.5 auf Seite 127 erläutert)
verwendet. So kann jede Arbeitsplatzgruppe aus Positionen bestehen, die
wiederum mehrstufige Arbeitsplatzstrukturen abbilden.

Anhand der nächsten Tabelle apzausw lassen sich zu einem Arbeitsplatz
mehrere Ausweich–Arbeitsplätze angeben. Diese Tabelle hat eigentlich den
gleichen Aufbau wie die Tabelle apzgru zur Speicherung von Arbeitsplatzgruppen, obwohl die Ausweich–Arbeitsplätze keiner hierarchischen Struktur
bedürfen. Die Programmlogik ist dafür zuständig, eine solche Hierarchie zu
erlauben oder zu verbieten.

Die nächsten drei Tabellen sind sehr ähnlich aufgebaut. Sie ordnen jeweils einem Arbeitsplatz die in ihm arbeitenden bzw. stehenden Mitarbeiter, Betriebsmitteln und Hilfsmitteln. Zu diesem Zweck setzt sich ihr
Primärschlüssel aus dem Fremdschlüssel der Arbeitsplatztabelle und jeweils
dem Fremdschlüssel der Mitarbeitertabelle **ben**, der Anlagentabelle **anlage**
und der Artikelstammtabelle **asta** zusammen.

Die vorletzte Tabelle des Moduls speichert die Stillstandzeiten eines Arbeitsplatzes samt ihrer Ursache und Zeitraum. Ihr Primärschlüssel beinhaltet aus diesem Grund den Fremdschlüssel auf den Arbeitsplatz und den
Beginn der Stillstandzeit.

Das Belastungskonto eines Arbeitsplatzes wurde mit der letzten Tabelle
des Moduls realisiert. Wie bei der Definition der Feinstruktur des Belastungskontos festgelegt, bildet sich der Primärschlüssel aus dem Datum der
Belegung, dem Fremdschlüssel des Arbeitsplatzes sowie des Arbeitsgangs
und des Fertigungsauftrags, von denen die einzulastenden Arbeitsstunden
stammen.

Die Wahl eines Indizes als (keyof(aplatz), beltag stddat) erscheint
sinnvoll für die Suche von Belegungszeiten eines Arbeitsplatzes an einem
bestimmten Tag; wird jedoch nicht explizit hinzugefügt, weil dieser von dem
Generator automatisch erzeugt wird.

B.7   Fertigungsauftrag

```
# Fertigungsauftrag
modul Fertigungsauftrag

domains
fanr              like serkey

# Domaenen "losgr", "pstartdat" und "pendedat" bereits in
# aplan.ref definiert.

table fa fatg     "Fertigungsauftrag"
                  ( fabez bez,
                    fainfo stdinfo,
                    losgr
              help "Losgroesse des Fertigungsauftrags",
```

```
                    loseinh einhsbez
      help "Masseinheit der Losgroesse",
                    vorgrz dzeit
      help "Vorgriffszeit in Stunden",
                    sicherz dzeit
      help "Sicherheitszeit in Stunden",
                    pstartdat
      help "Plan-Startdatum des terminierten Fertigungsauftrags",
                    pendedat
      help "Plan-Endedatum des terminierten Fertigungsauftrags",
                    padurchlz dzeit
      help "Plan-Auftragsdurchlaufzeit in Stunden",
                    spreis preis
      help "Soll-Preis in Waehrungseinheit",
                    spwaeh waehrung
      help "Waehrungseinheit des Soll-Preises",
                    an_dat, an_log,
                    la_dat, la_log
                    )
primary key          ( fanr )
# Tabelle "einheit" ist bereits in Omega definiert und
# enthaelt das Einheitensystem.
foreign key loseinh ( loseinh einhsbez ) identifies einheit null
# Tabelle "waehrung" ist bereits in Omega definiert und
# enthaelt das Waehrungssystem.
foreign key spwaeh  ( spwaeh waehrung ) identifies waehrung
                    delete cascades
# Tabelle "asta" (Artikelstamm) ist bereits in Omega definiert und
# enthaelt den Artikelstamm.
# Fertigungsstueckliste, die gefertigt wird.
foreign key stl     identifies asta delete cascades
# Tabelle "betrieb" ist bereits in Omega definiert und
# enthaelt den Betriebsstaetten- und Filialen-Stamm.
# Fertigungsstaette, in der gefertigt wird.
foreign key fertst  identifies betrieb delete cascades
# Tabelle "auftrag" ist bereits in Omega definiert und
# enthaelt die systemweiten Angebote, Kundenauftraege etc.
foreign key avorg   identifies auftrag delete cascades
index stl           ( keyof(asta) )
```

Nach der Definition von Domänen beschreibt den Modul eine einzige Tabelle. Sie verwaltet sämtliche Fertigungsaufträge und Pseudo–Fertigungsaufträge des Systems.

Ihr einziger Primärschlüssel besteht aus dem „serial key" fa, ihre Fremdschlüssel verweisen auf die Einheiten- und Währungstabelle, die Einheit und Währung von Attributen eines Auftrags speichern. Weitere Fremdschlüssel identifizieren die Stückliste des Erzeugnisses (stl), das mit diesem Fertigungsauftrag hergestellt wird, die Fertigungsstätte (fertst), in der gefertigt wird und den Vorgänger–Auftrag (avorg), aus dem dieser Fertigungsauftrag entstanden ist.

B.8   Kalkulationsschema

```
# Kalkulationsschema
modul Kalkulationsschema

domains
kschema              like mnemo

table kschema ksch   "Kalkulationsschema"
                     ( ksbez bez,
                       ksinfo stdinfo,
                       an_dat, an_log,
                       la_dat, la_log
                     )
primary key          ( kschema )
# Tabelle "wagru" ist bereits in Omega definiert und
# enthaelt die Warengruppen.
foreign key wagru    identifies wagru delete cascades update cascades

table kschpos kscp   "Positionen eines Kalkulationsschemas"
                     ( titel stdinfo
      help "Titel der Zeile",
                       zuschlag prozent
      help "Zuschlagssatz der Zeile",
                       prozessk preis
      help "Prozesskostensatz der Zeile",
                       zeilentyp simpletyp initial "Z"
      help "Zeilentyp: B-Basis, Z-Zuschlag, A-Aggregation, S-Summe",
                       an_dat, an_log,
                       la_dat, la_log
                     )
primary key          ( keyof(kschema), ksposnr posnr )
foreign key ksch     identifies kschema delete cascades
                                        update cascades
# Tabelle "plsta" ist bereits in Omega definiert und
# enthaelt den Preislistenstamm.
foreign key prliste identifies plsta delete cascades update cascades
```

Der Modul definiert zwei Tabellen, die erste speichert die Kalkulationsschemata, die zweite ihre Positionen.

Der einzige Primärschlüssel der Kalkulationsschematabelle ist vom Typ mnemo und ihr Fremdschlüssel verweist auf die Warengruppentabelle.

Der Primärschlüssel der Positionentabelle setzt sich aus dem Fremdschlüssel auf die Kalkulationsschematabelle und einer Positionsnummer zusammen.

Der zweite Fremdschlüssel referenziert die in einer Zeile angesprochenen Preisliste; die restlichen Felder der Positionentabelle entsprechen den Spalten der Tabelle 2.1 auf Seite 76.

Zusammenfassung

Die Angebots- und Kundenauftragsterminierung hat die Festlegung von tagegenauen Liefer- und Produktionsterminen für die eigengefertigten Erzeugnisse eines Unternehmens sowie die Koordination der für den Herstellungsprozeß notwendigen Kapazitäten zum Ziel.

Ein PPS–System verfügt zu diesem Zweck über Stammdaten, die die Information wichtiger Datenkonstrukte wie Stücklisten, Arbeitspläne, Arbeitsplatzstrukturen etc. verwalten. Die zudem täglich in der Fertigungsvorbereitung anfallenden Bewegungsdaten wie Fertigungsaufträge, Arbeitsplatz–Kapazitätsgebirgen usw. werden ebenfalls im System gespeichert und zur Wiederverwendung bereit gehalten.

Die für die Erreichung der Ziele in der Produktionsplanung wohl wichtigste Aufgaben sind — nach der Materialdisposition — die Durchlaufterminierung und die Kapazitätsplanung.

Die Durchlaufterminierung berücksichtigt die zeitlichen Aspekte in der Fertigung. Sie versieht (Pseudo–)Fertigungsaufträge mit Terminen, die eine möglichst hohe Liefertreue und zugleich kurze Durchlaufzeiten garantieren, was einen niedrigen Fertigungsbestand und somit nicht so hohe Lagerkosten sowie eine geringere Kapitalbindung in der Produktion verspricht.

Die Kapazitätsplanung, die im besten Fall zusammen mit der Durchlaufterminierung stattfindet, stellt Kapazitätsangebot und -nachfrage in der Werkstatt gegenüber und beseitigt evtl. auftretende Differenzen. Nur so können die Kapazitätsobergrenzen der Arbeitsplätze Berücksichtigung finden und eine hohe Auslastung der Fertigungskapazitäten erzielt werden.

Eine genaue Produktkalkulation ist in jedem heutigen Betrieb genau so wichtig wie eine korrekte technische Realisierung. Die Vorkalkulation, die bereits in der Produktionsplanung Anwendung findet, versucht anhand von Plan-, Erfahrungs- und Schätzwerten einen Soll–Preis für das herzustellende Erzeugnis und Plan–Kostensätze für die in der Produktion erbrachten Leistungen zu ermitteln.

Eine moderne, computergestützte Realisierung der obengenannten Aufgaben mittels relationalen Datenbanksystemen setzt den Entwurf eines effizienten und durchdachten Datenmodells voraus, gefolgt von der Implementierung der Problemlösung in einer 4GL–Sprache, die grafische Oberflächen unterstützt. Ist die Zielgruppe der rechnergestützten Lösung Auftrags- und

Kleinserienfertiger, so erfordert sie zudem einen besonders hohen Maß an Flexibilität.

Literaturverzeichnis

[Bes92] Bestmann, Uwe (Hrsg.); Ebert, Günter; Grimm–Curtius, Helgo; Pfeiffer, Rolf; Preißler, Peter; Wanner, Eckardt; Wenzel, Georg; Wiese, Otto. *Kompendium der Betriebswirtschaftslehre*. R. Oldenbourg Verlag, München, 6. Auflage, 1992.

[Dat83] Date, C. J. The systems programming series. In IBM Editorial Board, Hrsg., *An Introduction to Database Systems*, Band II. Addison–Wesley Publishing Company, 1983.

[Dat90] Date, C. J. The systems programming series. In IBM Editorial Board, Hrsg., *An Introduction to Database Systems*, Band I. Addison–Wesley Publishing Company, 5. Auflage, 1990.

[dat91] databrain EDV GmbH, Angerstr. 24a, 86179 Augsburg. *INASYS. Integriertes Abwicklungsystem. Pflichtenheft*, 1991.

[dat94] databrain EDV GmbH, Angerstr. 24a, 86179 Augsburg. *INASYS. Integriertes Abwicklungsystem. Bedienungsanleitung*, 1994.

[Dec91] Decker, Christian. Aplaus — Pflichtenheft für ein Softwaremodul zur Arbeitsplanungsunterstützung. Diplomarbeit, Fachhochschule München. Fachbereich Wirtschaftsingenieurwesen, 1991.

[Elm94] Elmasri; Navathe. *Fundamentals of Database Systems*. The Benjamin/Cummings Publ. C., 2. Auflage, 1994.

[Gal89] Gal. *Grundlagen des Operations Research*, Band 1–3. Springer Verlag, 1989.

[Gla91] Glaser, Horst. Geiger, Werner; Rohde, Volker. *PPS — Produktionsplanung und -steuerung. Grundlagen — Konzepte — Anwendungen*. Gabler, Wiesbaden, 1991.

[Gro78] Groener, Horst; Zorn, Walther; Bremicker, Bernd. Der Schlüssel zum Industriebetrieb. In Wolters, Martin F., Hrsg., *Entscheidungen im Beschaffungs-, Produktions- und Absatzbereich*, Band 2. Econ Verlag GmbH, Düsseldorf Wien, 1978.

[Hac89] Hackstein, R. *Produktiosplanung und -steuerung (PPS): Ein Handbuch für die Betriebspraxis.* VDI Verlag, Düsseldorf, 2. Auflage, 1989.

[Kin94] Kinnebrock. *Optimierung mit genetischen und selektiven Algorithmen.* R. Oldenbourg Verlag, 1994.

[Kur95] Kurbel, Karl. Handbuch der Informatik. In Albert Endres und Hermann Krallmann und Peter Schnupp, Hrsg., *Produktionsplanung und -steuerung. Methodische Grundlagen von PPS–Systemen und Erweiterungen*, Band 13.2. R. Oldenbourg Verlag, München Wien, 2. Auflage, 1995.

[Neu93] Neumann; Morlock. *Operations Research.* Hanser Verlag, 1993.

[Sch92] Schreiner-Winden, Kurt. *Industrielle Planungstechniken: Eine Einführung.* VDI Verlag, Düsseldorf, 1992.

[SIE80] SIEMENS AG, ZBR 1. *Betriebswirtschaftliche Grundsätze des Rechnungswesens*, 1980.

[SIE89a] SIEMENS AG, München. *SICAM-FST. Fertigungssteuerung. Benutzerhandbuch*, 1989.

[SIE89b] SIEMENS AG, München. *SICAM-FST. Fertigungssteuerung. Funktionsbeschreibung*, 1989.

[Uni78] United Nations Industrial Development Organization. *Manual for the Preparation of Industrial Feasibility Studies.* United Nations, Vienna, 1978.

[Wie87] Wiendahl, H.–P. *Belastungsorientierte Fertigungssteuerung.* München/Wien, 1987.

[Woe84] Woehe, Günter. *Einführung in die Allgemeine Betriebswirtschaftslehre.* Vahlen, München, 15. Auflage, 1984.

Index

Erstellungserklärung

Ich habe diese Arbeit selbständig verfaßt, noch nicht anderweitig zu Prüfungszwecken vorgelegt, keine anderen als die angegebenen Quellen und Hilfsmittel benutzt sowie wörtliche und sinngemäße Zitate als solche gekennzeichnet.

Augsburg, Januar 1998   Victor R. Raffaele

***Diplomarbeiten* Agentur**

Die Diplomarbeiten Agentur vermarktet seit 1996 erfolgreich
Wirtschaftsstudien, Diplomarbeiten, Magisterarbeiten, Dissertationen
und andere Studienabschlußarbeiten aller Fachbereiche und Hochschulen.

Seriosität, Professionalität und Exklusivität prägen unsere Leistungen:

- Kostenlose Aufnahme der Arbeiten in unser Lieferprogramm
- Faire Beteiligung an den Verkaufserlösen
- Autorinnen und Autoren können den Verkaufspreis selber festlegen
- Effizientes Marketing über viele Distributionskanäle
- Präsenz im Internet unter **http://www.diplom.de**
- Umfangreiches Angebot von mehreren tausend Arbeiten
- Großer Bekanntheitsgrad durch Fernsehen, Hörfunk und Printmedien

Setzen Sie sich mit uns in Verbindung:

***Diplomarbeiten* Agentur**
Dipl. Kfm. Dipl. Hdl. Björn Bedey –
Dipl. Wi.-Ing. Martin Haschke –––
und Guido Meyer GbR –––––––––

Hermannstal 119 k –––––––––
22119 Hamburg –––––––––

Fon: 040 / 655 99 20 –––––––
Fax: 040 / 655 99 222 –––––––

agentur@diplom.de –––––––––
www.diplom.de –––––––––